武学

内田 樹
Uchida Tatsuru
光岡英稔
Mitsuoka Hidetoshi

a pilot of wisdom

目次

第二章　荒天型武術の学び方

新しく生まれ来るもの

はじめに　「弱い武道家」という立ち位置から

内田　樹

光岡英稔《ひでとし》先生より辱知《じよくち》の栄を賜ってからすでに久しい。十年近く前、甲野善紀《こうのよしのり》先生[*1]にご紹介いただいて、その大洋的風貌に接して、「この人を『先生』と呼ぼう」と決意したとき、光岡先生はまだ二十代の終わりだった。光岡先生がただ「技術的にすごい」というだけの人であったら、「すごいですね」と感心はしても、「先生」と呼ぼうとまでは思わなかっただろう。だが、光岡先生は若くしてすでに「大人」の高風があった。その語る言葉のひとことひとことには深い見識の裏打ちが感じられ、私のような老狐にしてなお端座して傾聴するほかない、ずしんとした重みがあった。

ふつう三十前の日本人の青年の口から、これほど厚みのある言葉が出てくることはない。どうして、この若者の言葉はこんなにずしりと腹にこたえるのか。それが知りたくて、それから後、機会をとらえては講習会や特別講義にお招きして、光岡先生の技法論と道話を間近に拝聴することになった。

とりあえず理由として挙げられそうなことがふたつあった。

ひとつは光岡先生が少年期青年期をアメリカで過ごしたこと。ひとつは身体を使って思考する人であること。

初等教育をアメリカで受けた青年たちを私は身の回りに何人か知っている。彼らに共通することがひとつある。それは「規格化されること」に対する強い抵抗である。それが彼らの日本社会への「過剰適応」を阻んでいる。

それで良かったのだと思う。

日本の学校教育は、おそらく世界でも類を見ないほど強い規格化・標準化圧を子どもたちにかけている。それによって大量の「代替可能・個体識別不能」の工業製品のような労働者を作りだすことをわが国の教育行政は久しく国策として遂行してきた。

まるで大気のように日本社会に充満しているこの規格化圧に対する嫌悪は、本書の中でも、光岡先生の口から洩《も》らされている。それはご本人の気質もあるだろうし、アメリカで受けた自己規律を重んじる教育の影響もあるだろう。

同世代の若者たちが日本の大学で単位集めやバイトや就活にあたら青春を費やしている時期

に、光岡先生はハワイでワイルドな武友たちとの交流で今日の基礎になるたしかなものを築き上げた。このハワイ時代の愉快な思い出話を今回の対談ではずいぶんいろいろお聞きすることができた。この部分がある意味では本書のハイライトかもしれない。

光岡先生はハワイでのストリートファイトについて、それがまるで「週末になるとだいたい遭遇する、よくある出来事」という感じでにこにこと話される。身体と身体がぶつかって、肉が火照《ほて》り、骨がきしむような、場合によっては銃やナイフが出てくるようなリアルファイトの場で、アドレナリンが放出され、一個の生物としての「生き延びる本能」が発動してくる感覚を、光岡先生は多分野生の動物のように味わっていたのだと思う。それは決して不愉快な経験ではなかった。先生がハワイ時代の「武友」たち（中には先生と拳を交えたものも含まれている）について話すときには、信頼と親しみが行間からあふれているからである。

銃を突きつけられた場合とか、ナイフで斬りつけられた場合とかいう厳しい設定下で、自在な動きをするためにどういう修行が必要かということを具体的な技法として探求している武道家というのは、今の日本ではあまり見ることができない。私はとりあえず、「銃を突きつけられたら」というような状況設定の稽古をしたことがない。けれども、そういう稽古が必須であるような社会環境が現に存在していること、そのような状況を切り抜けるための傾聴すべき技術的知見が存在することに対しては、武道家は謙虚であるべきだと思っている。

もうひとつ、光岡先生の言葉が重いのは、それが身体を通して錬成された言葉だからである。対談の中では、いくつかのトピックについて、光岡先生が語られている言葉に私がついてゆけないで絶句するということがあった。

明らかに光岡先生にはありありとした身体的実感があって、それをなんとか私にもわかるように言語化しようとしているのだが、その身体実感の方が私にはないので、言葉の意味にこちらの手が届かないのである。

ある意味で爽快な経験であった。「それはどういうことですか？」と聞き返せばそのうちわかるようになるといった話ではなく、まるっきりわからない話だからである。

理屈なら、私にもわかる。たとえ自分にはできない技術であっても、「そういう技術があり得る」という理屈はわかるし、そういう技術を会得するためにどういうプログラムが有効であるかということも、わかる。だが、光岡先生の身体で現に体認されている「感じ」はわからない。それは筋肉や内臓や骨格の動きではなく、ほとんど細胞レベルでの出来事についての記述だからである。村上春樹の卓抜な比喩を借りて言えば、「今日はなんだかえらと鱗《うろこ》がこすれて痛い」とアマゾンの半魚人に言われても、その体感に想像がつかないのと似ている（ちょっと違うが）。

でも、そういう話を聞いていると私はわくわくする。自分では経験したことがないし、近似的な表現をされても想像がつかないような精妙な身体実感というものがこの世には存在し、現に私の眼の前にいるこの人がそれを経験していると知るだけで、わくわくしてくる。

人間の身体の仕組みというのはどこまで奥が深いのであろう。幸い、そのような身体を私もまたひとりの人間として所有している。そうである限り、光岡先生が「今感じていること」を私もまた「ああ、この感じを光岡先生は語っていたのか」と自得するという可能性は（わずかな可能性だが）残されている。

お話をして改めてわかったことは、私が「弱い武道家」だということである。

そのことを身にしみて実感した。

別に私は謙遜している訳ではない（私の辞書にそんな語はない）。私の強みは私の弱さだからである。

逆説的な言い回しだが、その通りの意味である。

武道家としての私の最大の才能は、「厭《いや》なことに我慢できない」という体質である。どうしても我慢できない。それが制度であっても、人間であっても、言葉であっても、体感であっても、我慢できないものには我慢できない。

我慢するためには何かを不快と感じる回路をオフにして、「何も感じない」ようにしないといけないのだが、私の身体にはこの「オン・オフスイッチ」がついていないのである。

そのことに気づいたのは保育園児のときである。そのときに、我慢をすると体調が崩れることに気がついた。不条理な要求をされたり、不愉快な人物の不愉快な話を聞かされたりしていると、ほんとうに発熱してきて、発疹が出てくるのである。ひどいときは昏倒《こんとう》しそうになる。

我慢することによって得られるわずかばかりの社会的評価と引き比べて、我慢することによって失われる心身の資源があまりに大きい。我慢しても、さっぱり収支勘定が合わないので、子どもの頃から「どんなことがあっても我慢だけはしない（身体に悪いから）」ということを私は生きる上での規範としてきた。

「それが切迫してくると私の生命力が減殺《げんさい》されるもの」に過剰なまでに敏感な私の体質を「強さ」と呼ぶ人はいないだろう。どう言いつくろってもこれは「弱過ぎる」ということだからである。でも、私の武道修行は、振り返ってみると、その全行程がこの「弱点」を軸に展開していた。

生きる力を損なうものが接近してきたら、できるだけ早く、全速力で逃げだす。

それは原理的に言えば、体術における相手との接触機会についても同じはずである。「負の入力」に対しては、それが私に及ぼす負荷を最小にするように身体が自動的に動く。

熱いフライパンに素手で触れたときに、「どのタイミングで動きだすか」とか「どのような動線が最適か」というようなことを考える人間はいない。「熱い！」と言う間もなく手はフライパンから離れている。自分の生きる力を損なう可能性のあるものからは最短距離を辿って、最短時間で逃れる。私の場合は、その対象がフライパンに限定されないというだけのことである。

だが、実際に合気道の初心者を見ていると、そうでもない。そういう動きをすると身体のあちこちに詰まりや痛みやこわばりができて、一層「不快」が嵩《こう》じるような動きをあえて選択するものは決して少なくない。身体の使い方についての固定観念に囚われているために、例えば「腕を上げる」という動作を指示されると、肩に支点を作ってヒンジ運動をすることしか思いつかない。「ふつうの人間はそういうふうに身体を動かす」という思い込みが「そんな不自然な動きはしたくない」という身体が発信する抗議メッセージを消してしまうのである。これまで学校体育やスポーツを通じて我慢することに慣れた人はこのパターンからなかなか抜けだせない。

私は我慢ということができない人間なので、その分だけ因習的身体運用からの自由度が高い。厭な身体状態に我慢できないし、そこから抜けだそうとするときも、「この動線を選択するとなんだか厭なことがありそうな予感がする」動線は取らない。

そのような動きを「巧《うま》い」と形容することはできない。むろん「強い」のでもない。「こらえ性がない」のである。

でも、そのおかげで私の「不快なことの接近」に対する警報の発動は早い。生命力を減殺する可能性のあるものが近づいてくると、耳をつんざくような轟音が鳴り響く。とても我慢できない。なんとかしてそのアラーム音が微弱になるように、身体の向きを変え、動線を変え、姿勢を変えてみる。あるかたちを取るとアラーム音が少し静まる。さらにそれを続けるとアラームが消える。それで「とりあえず危機が去った」ということがわかる。でも、警報に反応してあれこれしたせいで、結果的には何も起こらずに済んだので、そもそも私の身にいったいどんな危機が切迫していたのか、後から考えてもわからない。そういうこともよくある。でも、それで良いと私は思っている。その例外的に過敏なアラームのおかげで、私は遭遇したかもしれないもろもろのトラブルを回避しているはずである。多分そうだと思う。そう信じたい。

この対談はそういうタイプの違うふたりの間のものである。だから、話が弾んでいるところもあるし、微妙に噛みあわないところもある。けれども、武道を志す人、あるいは広く人間が蔵している潜在的な資源の涵養《かんよう》に興味を持っている人は、修行上のヒントになる片言隻句《へんげんせっく》をここにいくつか読み出すことができるはずである。

最後に改めて、長時間の対談につねに笑顔でお付き合いくださった光岡英稔先生、この企画を進めてくれた集英社の伊藤直樹さん、あちこちに逸脱した対談を筋の通った原稿にまとめてくれた尹雄大《ユンウンデ》さんのお骨折りに感謝したい。そして、私たちのそもそもの出会いの機会を作ってくださった甲野善紀先生に重ねてお礼を申し上げたい。

＊1　**甲野善紀**　一九四九年生。武術研究者。かつての日本武術の要を、伝書と実技の両面から探究。その過程で得られた身体技法は、スポーツ、楽器演奏、介護、工学等から注目されている。

序章　武運ということ

出会いの話

光岡　内田先生との出会いは甲野善紀先生がきっかけでしたよね。大阪の朝日カルチャーセンターで甲野先生と講演した際、精神科医の名越康文[*1]先生と共にご紹介いただいた。何か強い視線を感じるなと思っていたら、それが内田先生と名越先生でした。

内田　あれは何年前でしょうか。

光岡　たしか私が韓氏意拳[*2]に出会う前ですから二〇〇二年ですね。

内田　お会いした翌日に甲野先生とご一緒に講習会をされたときにうかがいました。講習会の後にお昼ご飯を食べながらお話ししましたね。そのときに大学に来て講習会をしてくださいとお願いしたので、次にお会いしたのは神戸女学院大学で講習会をお願いしたときですね。あのときは最初からけっこうたくさん人が来ましたね。五十人くらい来たんじゃないかな。

光岡　内田先生のところには人が集いますね。

内田　そうかもしれないですね。こうして対談させていただくにつけ思うのですが、ぼくのような身体能力の低い人間が、こと武道に関しては例外的に幸運な出会いを続けている。こういうのは、やはり「武運がある」と言っていいと思うんです。生得的な身体能力は際だって高いけれども、それを伸ばしてくれる人と出会えない人だっていますからね。

光岡　運はたしかに大事です。

内田　せっかく才能を持って生まれながら、それを開花させるきっかけに出会えないのって、本当にもったいない。でも、出会いに恵まれない人って、新たな出会いを自分の方から避けているような印象がありますね。自分がやってきたことを変えたくない、自分のしてきたことに執着があるという人はやはり新しい出会いには恵まれないですね。

ハワイの道場ではいきなり金的を蹴ってくる

内田　今回の本ではじめて光岡先生のことを知るという読者の方もいると思いますので、そういう方たちのために、イントロダクションとして改めて光岡先生の武歴をお話しいただきたいと思います。韓氏意拳を学び始める前は、ハワイでカリ、[*3]シラット[*4]などさまざまな武術を学ばれていますが、原点は空手ですね？

光岡　そうです。生まれは日本で、その後、アメリカへ移住し、中学生になる前に郷里の岡山に帰ってきました。それから和道空手[5]を始めました。しばらくして「打ち合うだけの技術を学ぶのはまずいな」と思って柔道も始めました。柔道を二年、空手を三年やって、高校は空手をするために入りました。通っていた道場に高校の空手部の監督が来て「うちの空手部に来ないか」と誘っていただいたのです。

でも、高校に入ってすぐ飽きたんですよね。競技化された空手を中心に稽古することに魅力を感じなくなりました。私の関心はいつどんな状況に置かれても実力を示せることだったので、競技で強くなることはずいぶん方向性が違ったのです。とは言え「空手部に三年間います」と言ったからには、自分の言葉への責任もあったので、空手を続けてはいました。

それから縁あった方の紹介で大東流合気柔術[6]を学び始めました。ちょうどその当時、松田隆《りゅう》智《ち》[7]さん原作の『拳児』（小学館）という漫画が話題になりましたが、それをきっかけに松田さんの原点である『謎の拳法を求めて』（東京新聞出版局）という本を読んだりしました。さらに竹内流柔術[8]を始めたり、形意拳[9]、太極拳[10]、八卦掌《はっけしょう》[11]を習ったりしました。

韓氏意拳と出会ったのは、ハワイから日本に再び戻った後の二〇〇〇年初頭でした。ある雑誌で韓氏意拳の体験ツアーが企画されていました。それに参加された人の話を聞いて関心をそそられ、実際に訪ねてみようと思い、十日間くらい行きました。その際、韓競辰[12]先生と父上の韓星橋[13]先生にもお会いしましたが、私の帰国後、星橋先生が競辰先生に「この間、日本から来た彼によく教えるよう」とおっしゃられたそうで、その後お声がかかり、入室弟子となりまして、今に至ります。

内田　日本の高校を卒業して、すぐにハワイに行かれたわけですね。

光岡　はい。もう日本の教育とかいろんなことが嫌になったんです。大学も空手の助けを借りて進学できたのですが、それも断りました。とにかくアメリカへ行くかオーストラリアにでも行こう。そう思っていたら私の両親が私よりもひと足先にハワイに移住したので、それに便乗する格好で十九歳のときにハワイへ行きました。

その前に大東流合気柔術の岡本正剛《せいごう》[14]先生に「良かったら大東流を向こうで教えてみますか」という話もいただいていたので、正式な支部ではありませんでしたが、向こうで教えていた時期もあります。岡本先生には二回ほどハワイに教えに来ていただきました。まあ、私の武術人生はハワイに渡ってからの方がおもしろいですね。

日本の武術には、「日本の武術ならでは」というお約束というか共通言語がありますよね。でも、あちらではそれが全然通じません。入門者がいきなり金的を蹴ってきたりしますからね。カジュケンボー[15]という流派は、ふだんから金的を蹴り合う練習をしていて、彼らの中ではそれ

1996年頃。ハワイ時代の光岡

が普通のことなんです。それぞれの流派のリアリティがずいぶん日本の武術とは違うなと思いました。

私のいたハワイ島のヒロという街はコミュニティが小さいので、「新しい武術を教えるヤツが日本からやって来た」という噂がパッと広がった。そこで、いろいろなところの師範代クラスの連中がのぞきに来ました。結構、みんな気さくで、気さくに手を合わせてくる（笑）。

内田　ハワイは武術が盛んな土地なんですよね。

光岡　盛んですよ。カリやシラット、先ほどのカジュケンボー、ケンポー（拳法）、柔術、空手、ハワイアン・ルア、[*16] 忍術、それにハワイに土着化した中国系の武術もあります。日本の武術だとジェームズ・ミトセ[*17] のコショー流拳法柔術、檀山《だんざん》流柔術といって、移民一世が伝えた初期の講道館柔道にも似た柔術があります。そもそもミックスカルチャーですよね。それに武術なんか練習しないでもナチュラルに強いサモアン、ハワイアンもいます。サモアンはケンカのとき、石をつかんで投げたり、持って殴り始めますよ。互いにそれくらいしないと効かないんです。

内田　日本とはまるで違う世界ですね。

運の力

光岡　こうして振り返ると私も韓氏意拳に出会う前にいろいろな武術家の方に出会うご縁をいただきました。個人として見れば、たいへん優れた遣い手の方もいました。そういう人は教え方がうまいかと言うと、そうでもなかったりします。

なぜかと言うと実際の経験や体験から得たものが、本人にとってあまりにもリアル過ぎて言葉にならないのです。だから、当人の経験、体験が教学という体系にならず、他人に伝えられる形にならないわけです。

そこで運ということで言えば、ペンチャック。シラットというインドネシアの武術がありますが、私がハワイに住んでいた頃、シラットのジム・イングラム[*18]という先生に教えていただく機会がありました。ジム・イングラムの指導でいちばん覚えているのは、技術の話ではありませんでした。彼はこう言いました。

「"It was a way of survival for me" シラットというのは、私にとって生き抜くための手段だったんだ」。そして、シャツをめくり、話を続けました。「ほら、見てごらん。ここに銃弾の痕

ジム・イングラム

がある。それからここにナイフで刺された痕がふたつあるでしょう」。見るとどこも急所なんですよ。そこでイングラムは続けて、「でも、私は今ここに立って、みんなにシラットを伝えられる。なぜかわかりますか？　その理由はふたつしかありません。ひとつは、私はあきらめなかった。もうひとつは運が良かった。このふたつだけです」。つまりイングラムにとってシラットの技術そのものは関係ないわけです。それでシラットを覚えろと言われても（笑）。

内田　「あきらめなかった」と「運が良かった」ですか。うーむ、それは良い話ですねえ。

光岡　どちらも何もしなくていいということですよね。

内田　でも、運がいいというのは、すごく大事ですよ。だって、運ていうのは個人の努力でどうこうなるものじゃありませんから。

光岡　そう。だからこの話の重要な点はふたつ。つまり、自力《じりき》と他力《たりき》について彼は語っています。イングラムに限らず、誰しもこのふたつが拮抗しているからこそ、今ここに存在していられるわけです。

シラットを習いに来た人たちは、だから「私たちはどうしたらいいの？」という表情を浮かべていました。それよりも技術を教えてよと。けれども私はイングラムの言葉で、シラットの体系が見えました。つまり大きな図面が見えたので、あとは技術はすらすら入ってくる。

内田　「あきらめないこと」と「運が大事」というのがメソッドの骨格なんですね。

光岡　技術にばかり目がいくと、言わんとする「妙」に辿りつけないんですよね。そういう意味では、誰から学ぶかというのも含め、運の良さは大事ですよね。ただ難しいのは、訪れ方がみんな違いますから。

内田　運のいい人は、「ここぞ」というときを絶対に逃さないですね。身体能力がいくら高くても、運が巡って来たときにまごまごしていると取り逃してしまう。よく「幸運は前髪しかない」と言うじゃないですか、後ろは禿《は》げてて髪の毛がない。

光岡　けれども、つかみにかかるとそれも過ぎた行為で、欲張ると運は去ってしまいますね。

内田　ほんとにそうですね。たまたまやってきた運は逃さないようにしないといけない。かといって、いつも幸運を求めてきょろきょろしている人の身にはあまりいいことが起こらない。

＊1　**名越康文**　一九六〇年生。精神科医。専門は思春期精神医学、精神療法。

＊2　**韓氏意拳**　一九三〇年代に王薌齋によって創始された中国武術である意拳の一派。王に就いて十六年間学んだ韓星橋は四男である韓競辰に意拳を伝え、韓競辰がさらに実父から学んだ意拳の学理と実技を科学的な検証手段を応用して整理し、韓氏意拳として編纂した。

＊3　**カリ**　東南アジアの武術。ナイフや短棒を使った技術が特徴的。

＊4　**シラット**　マレー半島が起源の武術。現在ではインドネシアを中心に欧米でも盛んに行なわれている。

＊5　**和道空手**　空手の四大流派の一つ。大塚博紀が神道楊心流、及び為我流の柔術を習得した上で、船越義珍・本部朝基・摩文仁賢和に学んだ空手、さらには新陰流等の古流剣術の体捌きを加えて創始した。現在は複数の会派が活動している。

＊6　**大東流合気柔術**　明治期会津藩出身の武田惣角により広められた総合武術。合気道の植芝盛平をはじめ一派を成す人物を多く輩出。現在も複数の団体で継承されている。

＊7　**松田隆智**　一九三八年生。武術研究家。『謎の拳法を求めて』（東京新聞出版局）をはじめ日本の伝統武術、中国武術に関する著述活動が日本の武術界の形成に影響を与える。

＊8　**竹内流柔術**　戦国時代の組討、捕手腰廻を中核に、美作国一ノ瀬城主竹内中務大輔源久盛によって創始された総合武術。柔術の源流とも言われる。

＊9　**形意拳**　清朝末期、李洛能が創始した中国武術の一派。太極拳、八卦掌と並んで内功を重視する内家拳に分類され、意拳の王薌齋が学んだことでも知られる。見栄えのする大技が少なく、

非常にシンプルな外見ながら、実戦の拳法として評価が高い。

＊10 **太極拳** 東洋哲学の重要概念である太極説を取り入れた中国武術の一派。内家拳に分類される。陳家をはじめ、楊式、呉式など多くの分派があり、略式化された太極拳は健康法として広く普及している。

＊11 **八卦掌** 中国拳法内家拳の一派。清朝後期の成立。流祖は董海川。名称通り八卦に基づく技術理論を有し、拳より掌を多用。優美な円転動作を特徴とする。

＊12 **韓競辰** 一九五六年生。韓星橋先師の四男で、きわめて明晰な拳学理論と、卓越した実力の持ち主。現在韓家に伝わる意拳の指導に力を注ぎ、意拳の更なる進歩発展のために努めている。

＊13 **韓星橋** 一九〇九年生。幼少より武術を学び、意拳創始者王薌齋に師事する。門下中の四大金剛力士の一人と呼ばれ、唯一人王先師の代わりに人前で拳舞を披露する事を許されていた。二〇〇四年十月、九十五歳で死去。

＊14 **岡本正剛** 一九二五年生。大東流合気柔術六方会宗師。堀川幸道に師事。

＊15 **カジュケンボー** ハワイで生まれた武術。空手、拳法、柔術、ボクシングなどを組み合わせている。

＊16 **ハワイアン・ルア** ハワイアンの間で用いられた伝説上の闘争技術。原形は不明。現在もルアを名乗る武術家はハワイにいるが、日本から渡った拳法や柔術等の影響を強く受けたものをルアと呼んでいて、変容していると見受けられる。ハワイ語における“Lua”は「洞穴、穴、窪み、噴火口、トイレ、複写、類似」等を意味する。闘争技術としての“Lua”は「相手を窪ませる」「相

手に穴をあける」「骨を窪ませ穴をあける」というのが一般的な訳。

＊17　**ジェームズ・マサヨシ・ミトセ**　一九一六年生―一九八一年没。ハワイ島カイルア・コナ生まれ。父母が日本の九州からハワイに移民した日系二世。ハワイでケンポー柔術、コショー流ケンポー・ジュウジュツ、ショウリンジ・ケンポー、コショー・ショウレイ流ケンポーなどの名前で武術を指導する。アメリカにおけるケンポー（拳法）の祖である。

＊18　**ジム・イングラム**　一九三〇年生。オランダ系インドネシア人。七歳からインドネシア武術を学び始める。プゥクラン・ペンチャック・シラット・ムスティーカクゥイタング&チマンデーの継承者としてアメリカでペンチャック・シラットの普及に努める。

第一章　荒天を生きるための武術

非日常を経験する文化

光岡　運の巡りと言えば、内田先生は日本各地の聖地を巡礼されていると聞きました。

内田　そうなんです。先日スタートしたばかりですけど[*1]。一回目が上町台地縦走で、大阪の天満宮から四天王寺まで歩きました。パワースポットを訪ねて、ところどころで釈徹宗《しゃくてつしゅう》[*2]先生の宗教学講座を拝聴するんです。そのときは総勢四十名ぐらいで、ぞろぞろ歩きました。おもしろかったですよ。この次は京都、それから三輪山、天川、熊野、高野山と近畿の聖地を巡歴して、できたら九州の国東半島の宇佐八幡や青森の恐山まで訪ねたいと思っています。

光岡　山岳修行にも興味ありますか？

内田　宗教学の中沢新一[*3]先生にも先日、「山で修行しませんか」と誘われましたが、お断りしました。そういうハードなのはダメなんですよ。根っからのシティボーイですから（笑）。

光岡　そうですか。非日常的な極限状況ということで言えば、原始時代の技術を研究されている関根秀樹[*4]先生の話が思い出されます。あの方の凄いところは、実際にいまだに原始的な闘争の文化が色濃く残るポリネシアや東南アジアの諸島を単身でまわって調べているところです。

一時期は東南アジアのいわゆる首狩り族と生活を共にされたそうです。

ある首狩り族の村を調査した際、通訳は最初の数日間しかいなくて、「後はもう自分でなんとかしてください」と言われ、現地に住んでいたのだそうです。

最初「最近首を狩ったのは、いつですか」と彼らに聞いたときは、「いやもう四、五十年前の話で、最近はそういうことはまったくやってない」と話していたそうですが、だんだんなじんで村の人たちと仲良くなるにつれて、実態が明らかになってきました。あるとき、関根先生が長老の部屋に招かれたそうです。壁にしゃれこうべが飾ってあって、勧められた杯を重ねるうちに長老もくだけてきて、「いや、実は四、五年前にも一度狩ってるんだよね」と言い始めた。

内田　誰の首を狩ったんですか？

光岡　ダム開発のために立ち退きを要求していた政府の役人たちの首を狩ったらしいです。

内田　やりますね。

光岡　そのような部族と同じようなバックグラウンドがあるから、私がハワイ時代に学んだフィリピンのカリやインドネシアのシラットといった武術には日本や中国にはない生々しさがあるんですよね。

つまり、役人の首を狩ったというのは、動物で言うとテリトリーを侵されたからやったというのと同じです。おもしろいのが、それでやり取りがうまくいくわけです。結局、政府としても相手がそう出てきたから、「じゃあこの部族を全滅させる」となるかと言えば、そうはならない。和解に応じる姿勢を示して、「大規模なダム開発はしないけれど、ここまでは譲って欲しい」と交渉に入る。

彼らの生々しさというのは、ただ退くのではなくて、ある種の鍔迫《つばぜ》り合いの状態で、「隙があったら即やる」という状態がもたらしている。そういう緊張関係があるからこそ交渉がうまくいったわけで、こういうことは兵法の基本ですよね。「どうぞどうぞ」と譲ってばかりいたら、自然界では生きていけませんから。

カリとかシラットの遣い手で、できる人にはそういう猛々しさがあって、ほかの武術では感じられないものがあります。

内田　ううむ、すごいですね。カリとシラット。ぼくはよく知らないんですけど、似たものなんですか？

光岡　おそらく原点は同じだと思いますが、地域の文化的特徴により少しずつ色合いが異なります。共通しているのは、短棒やナイフを使うという極めて原始的な技法が下敷きにあることで、スペインやオランダによる植民地支配の時代に、それらの文化の影響を受け、変化していった。スペインからサーベルの技術が入ってきたフィリピンのカリだと対サーベルの色合いが濃くなっていったわけです。

カリは、サーベルの技術が入っています。その後は、それ以前の製鉄の技術が入ってくるのと同時に、バロングという鉈が生活用具として使われ始めます。

そう言えば、世界一周した航海家のマゼランは、フィリピンで現地人の首領ラプラプ[*5]に殺されています。ラプラプはカリの祖のひとりと言われていて、地元では英雄ですね。

他者、道具と感応する古の武術

光岡　思うに武道から生々しさが消えたのは、戦いとはあくまで人を相手とした、一対一の関係性での争いだという常識が社会的に共有されたからではないかと思います。だから新撰組の三対一の鉄則が功を奏したわけです。でも合戦では一対多といった乱戦は当たり前です。

内田　それはそうですね。でも、三人一組は多分難しいんじゃないですか。近い間合いで三人でひとりにかかるのって、相当気が合ってないとできないでしょう。

光岡　おそらく新撰組は暗殺技術として三人の間合いを測るというような稽古ばかり道場でしていたのではないでしょうか。

内田　それと関係あるかな。幕末から明治はじめにかけて首斬り役を勤めた八世山田朝右衛門という人がいて、彼が維新の後に、新聞記者のインタビューに答えて、首斬りの極意について語っている記事が『明治百話』という本に採録されているんです。朝右衛門によると、首を斬るのって技術的には大変難しい仕事らしい。罪人を牢役人が三人がかりで押さえつけるんですけど、罪人は死にたくないから大暴れする。でも、頸椎の何番目と何番目、と決まったところにぴたりと刃を入れないと首は斬れない。斬り損なって何度も斬ると、罪人の方はすごく苦しむし、刃こぼれもするし、もうあたり血まみれのスプラッタ地獄絵図になりますから、一発ですぱっと斬らないといけない。

光岡　関係ない役人も手とか腕を斬られたでしょうね。

内田　そうなんです。仲間を傷つけないというのが最優先の課題なんです。危ないんですよ。だから、罪人が暴れていると、朝右衛門はわざとちょっと離れたところにいて、刀の手入れかなにかしていたそうです。するとわあわあ騒いでいた罪人も、「あ、まだ少しの間は斬られないんだ」と思って、ふっと気を抜く。その瞬間に二間ぐらいの間をすっと詰めて、すぱっと斬る。罪人を押さえている牢役人を傷つけずに、罪人の首だけピンポイントで斬るのでもそれだけの技量が必要なわけですから、実際に動き回りながら集団戦をするのはすごく難しいことなんでしょうね。

光岡　難しいでしょうね。だから実際、合戦で重用されたのは、脇差だったそうです。やはり長物だと近くにいる仲間を斬る可能性もありますから。

カリもそうですが、結果的に短棒ぐらいの長さにおさまったのは、使い勝手もいいし、持ち運びもできる。合戦で乱戦になっても仲間を傷つけないで済みます。

内田　でも、幕末の剣客は長い刀を好んでいましたね。

光岡　そういう人もいます。

内田　居合は林崎甚助[*6]の時代から、とにかく長い刀をいかにすらりと抜くかに心血を注いだわけです。たしかに長刀は超人的な身体能力がないと抜けない。でも、今の居合はそういう稽古はあまり重んじないですね。速く抜く、速く斬るということにはずいぶん熱心で、全剣連の試合もそれを基準に判定しますけれど、長い刀を抜くための身体技術ということには興味を示しません。斬りは遅かったけれど、ずいぶん長い刀を抜いてみせたから技術的ポイントが高いというような判定は見たことないです。

勝海舟の父親の勝小吉の剣術の先生に平山行蔵[*7]という人がいて、この人が小兵ながら、差し料がとんでもなく長い。『夢酔独言』に肖像画が残っていますが、柄が腕の長さくらいあって、柄頭は地についていて、鐺《こじり》はぴんと跳ね上がって絵の外に消えている。それを楽々と抜いたそうです。

『平子龍先生遺事』によれば勝小吉が何か技をお見せくださいと頼んだら、八尺五寸の樫の木刀を抜いて遣ったそうです。八尺五寸て、二メートル五十センチですよ。ぼくが居合の稽古に使っている刀が二尺六寸。それでも抜くのに苦労しているんですから、いったいどういう技術なのかと思いますね。昔の武士は馬上で槍を振るったわけですけれど、槍も大変重たい。それを彼らは片手で振り回した。平山行蔵は七貫三百目の鉞《まさかり》を小吉の前でくるくる回してみせたそうですけど、三十キロ近い武具を片手で扱う技術が幕末までは残っていた。そういうのって、もう腕の筋肉を鍛えてどうこうできるレベルじゃないですよね。

光岡　昔の人だからできたのかもしれないですよ。現代人の感覚から当時を見ると、とんでもない能力に見えるでしょう。けれども同じ人間だから共通する部分もあるわけです。そこからとらえると、おそらく今の身体性の常識とはまったく異なる常識があって、その身体性からすれば意外に普通にできたことかもしれません。

内田　槍や長物は馬の力を使ったという側面はありませんか？

光岡　それはあるでしょうね。

内田　人間の力だけじゃ振り回せないけれど、馬に乗ることで働く力をうまくつないでいくと、うまく操作できるということはあったんじゃないですかね。

光岡　高く跳ぶのもそうらしいですね。人が乗った方が、馬は高く跳べたりしますから。

内田　それで思い出しました。ニコラス・ケイジ主演の『デビルズクエスト』（二〇一一年）というつまんないB級映画があって、これは十字軍の話ですが、それを観ていたら途中で「変だな」と思ったことがあったんです。それは十字軍の騎士の話なのにただの一度も馬に乗って、槍をかざして戦ったり、剣を遣ったりするシーンがない。戦闘シーンと言えば、ただ徒歩で刀を振り回しているだけなんです。そのとき、ふっと思ったのが、馬に乗って長い槍を振り回したり、剣を遣ったりする技術を持っている人がもうハリウッドにはいなくなったんじゃないかな、と。

光岡　まあ、現代人で探すのは難しいでしょう。ただ、スマトラ島の南にある小さい島のある地域では、いまだに年に一回行なわれる部族の大会があって、二手に分かれ、馬に乗って槍を互いに投げあうんだそうです。

内田　本当ですか？

光岡　代々受け継がれている文化です。それである人が「うちの息子は成人したから、ようやく今年から参加できるんだ」と、うれしそうに話していたのですが、そのお父さんは片目なんですよね。「オレも若い頃、参加してここに刺さってな」という話をしていた。槍の穂先は完全にとがってはいませんが、それなりに刺さる槍を使っているみたいです。日本で言えば、だんじり祭りのようなノリなんですよね。その感覚で騎馬の状態で槍を投げあう。馬の種類はモンゴル馬の末裔のような小さなサイズですが。

ひとりを相手にする武術、一万人を扱う能力をつくる武術

光岡　日本では馬上の武将には供回りが数人いて、それが軍勢の単位でした。しかし役割分担はあったにせよ、個と集団の技術はそれほど分かれていなかったと思います。と言うのも、まず個として合戦に出て負けるような力量の将には誰もついていかないですよね。

個として秀でていると同時にみんなをうまく誘導できるような人じゃないと、合戦そのものが成り立たない。戦場に出ても抜群だし、陣の裏側での指揮も大丈夫。そういう人でないと国

を治めることができなかったでしょう。

内田　戦国時代は戦場で武勲を挙げた人が一国一城の主になるというシステムでしたから、戦場の武勲と統治能力は本質的には同じものだとみなされていた。戦技能力そのものが集団を扱う技術であって、個人の戦闘能力ではなかった。そういうことだと思うんです。槍一本を扱う単なる戦闘能力だけで戦場で武勲が挙げられるのなら、その人を統治者に取り立てることに論理的必然性がない。戦闘能力の高い人は最前線で働いてもらうのが一番有用なわけですから。でも、そうではなくて、武勲と統治能力が同定されたということは、戦場での戦闘能力が集団を扱う技術だったということですよね。百人の人を扱える人は百人を束ねる。千人を扱える人は千人を束ねる。一万人を意のままに動かせる人なら、これはもう一国を任せても大丈夫、と。

一万人を扱う能力というのは、個人的な筋力や反射神経ではないですね。周りの人間たちと非言語的な仕方でコミュニケーションできる「気の感応」の力、あるいは戦場を上空から一望できる「鳥瞰的な視点」、スポーツの用語では「スキャニング」と言いますけれど、そういう能力がないと兵は操れない。

光岡　だから、将にはそれぞれの人を個として成り立たせておきながらも全体をまとめておく能力が必要とされた。百人いれば、みんなそれぞれに特徴があるし、各々の才も違うわけですから。
殷周時代の太公望をはじめ『三国志』の時代に至るまで、個々の才能をいかに生かせるかということが、兵法の基本だった。その人が何に適しているかというのを、いち早く見抜く能力が将には必要なわけです。

AさんとBさんがいたら、その人に担える役割をうまく読み取れるかどうかが勝負になる。Aさんの役割をBさんにさせてしまうと大失敗してしまうし、その反対も同様です。

組織の基盤となる人たちに同様の読み取る役割を与え、この人たちの配下にいる人もまた才能を読み取る能力があって、そういう仕組みでうまく全体を統括していた。個々を個々として成り立たせていながらも、全体的な集団として成り立たせる。それが兵法で大事なところでしょう。

内田　そうですね。ひとりで文武両道なんでもできますというバランスのいい人は組織人としては要求されていないですよね。中国の戦国時代に「戦国四君」と呼ばれた知者のうちのひとりに孟嘗君《もうしょうくん》という人がいますけれど、彼は食客数千人を抱えていて、どんな変な芸でも一芸ある人物はみな家に招いて徒食させたそうです。その孟嘗君はその後政争に巻き込まれて、亡命しなくてはいけなくなったとき、食客の中に泥棒の名人がひとりいて、これが身代金代わりになる宝物を宮廷に入って盗んで来てくれた。それを持って逃げ出したら、今度は函谷関が閉まっていて、夜明けにならないと関が開かない。すでに追手が背後に迫っている。今度は食客の中に鶏の鳴き声の真似がうまい人がいて、「コケコッコー」と鳴くと、門番が夜明けと間違えて関を開けた。それで事なきを得たという話があって、そこから「鶏鳴狗盗」という語が生まれました。数千人ぐらい食客を養っていると、何の役に立つのかわからないけれど、その人のその能力がなければ生き延びることができなかったというような特殊能力の持ち主が必ずいる。人間の能力はどこでどう役立つか予見できない。だから、できるだけ多様な能力の持ち主を歓待する。この孟嘗君の事績は今どきの評価とか成果主義とかいうのと、まったく逆方向の考え方ですよね。

光岡　まったく異なりますね。あるラインでみんなを同じように見るのではなく、違う価値観同士だけど、でも同じ方角を向いていこう。そういうふうにできるのが文王や武王、呂尚だと思うんです。

殷周の時代の物語のおもしろさは、方術家もいれば、幻術を使う人もいるし、中にはスズメバチを操る人も出てきますよね。

内田　何でそういう技術が絶えてしまったんでしょうね。もったいないです。

光岡　漢字の成立と整理のされ方を見るとわかりますが、中国は王朝が代わり、新たに統治するたびに物事を一律化しようとする力が働きます。やはりあれだけ広大な土地にさまざまな文化があるから、「とりあえずすり合わせていこう」というやり方が採用されるわけで、そこで個性がどんどん失われていく。

でも、文化に個性はつきもので、絶対避けて通れない。一律化の一方で中国はいまだにどこへ行っても、その地方の土地ごとに異なる言葉をしゃべっていますからね。いくら普通語が普及しようが、元から土着している文化というのは、もうどうしようもなく存在している。

晴天型化した武道

光岡　さて、画期的な展望の見えない状況で、武道がどう生きるかということですよね。まさに今それが試されている。内田先生は荒天型と晴天型というふうに社会をふたつのモデルに分けて、これからは荒天型の世だとおっしゃっています。

武道も平和な社会だと、ある程度のひとりよがりが許されるので、小さい道場から大きな組織に至るまで各流派が「このルールでやることが武である」という定義を持てるわけです。みんなお山の大将でいられる。平和な時代ならそれでもいいでしょうが、今のような時代になって、正面から「武とは何か」を問うた場合、要は「原発だろうが核兵器だろうが相手にします」と言えるのかどうか。そこが武の本質として今問われているところだと思います。

すでに技術とかルールとか、そういうところだけで武を語ることは通用しない世の中になっているのではないでしょうか。平和な時代のお遊びとしてはいいかもしれないけれど、そうではない時代においては、武をわざわざ行なうことに何の意味があるかといったときに、「うちの流派にはこういう技術体系や練習方法があるから最高だ」では、もう通用しない。

内田　ほんとうにそうですね。特に競技化してからの日本武道は完全に晴天型になったと言っていいと思います。数値的に測定可能な限定的な運動能力だけを取り出して競い合っている。

光岡　競技化に加えて起きたのが、神格化や神話化あるいは信仰化ですね。つまり、「オレはできないんだけど、オレの先生はすごく強いよ」と言ってさえいれば済んだ。

内田　それはぼくがよくやる手です（笑）。

光岡　それは平和な社会だと通じます。けれども私は内田先生に死なれたら嫌なんですよ。内田先生が危機的な状況に陥って、そこで何とかしないと死んじゃうというときに、内田先生の先生じゃなくてご自身に何とかしてもらわないと終わってしまうわけなんですよ。

内田　うん、何とかしないといけませんね。何とかします（笑）。

光岡　はい。またお話ししたいですから（笑）。つまり、この観点で言うと、今の武道は甘くなっている。「うちの先生が偉いからうちの流派は凄い」という神格化や神話化のほかに、「このルールなら通じる」という信仰による甘えもありますよね。「このルールがオールマイティに通用する」と思えるのは、ある種のマニュアル化なわけで、そうなると武の本質がどんどん見えなくなってきます。

競技化がこの傾向に拍車をかけていて、スポーツと同じように武術や武道を競技としてやっていくと、見た目にはわかりやすくなる。たしかに平和で晴天の世だとコミュニケーションのひとつとしてそれで通用するでしょう。

内田　サッカーと同じように、共通のルールの上でどっちが得点したかを競い合えますからね。

光岡　ゲームとしての競い合いというコミュニケーションがとれるわけです。そういうゲームで磨かれる技術の巧みさは芸術と似ていて、それを通じて自信を持てたりすることもあるから、それはそれでいいと思います。

でも、今の世はちょっとそれじゃ間に合わないわけです。現状の社会で各人が問われていることは「自信が持てたからいい」というレベルじゃありませんよね？　結局、限定されたルールの中における強さがあっても仕方ない。

武の本質を考えたら、自前で食糧を確保したりすることも大事で、たとえば火を起こして煮炊きをするだとか、生きていく術を様々な方向から見ていかないといけないわけで、結局、腕力だけあっても物理的に食べられなくて死んだら負けなわけです。

つまり、どう生きていくかということを見ていく。そういう意味で武が役に立つことを考えないといけない。そして、これまでの歴史を振り返ってみて、人がどう自然に相対してきたかというところも見ていかないと、今起きている事態への答えにはならないと思います。

私たちが私たちにとって心地よい環境を整えた分だけ、自然に戻る作用が必要な時期に入ったのかなと感じます。

武術家はあらゆる問題にセンシティブでなければならない

内田　荒天型というのは、危険に対する感受性にかかわってくると思います。危機といってもいろいろなレベルがある。地震とか津波とかの天変地異もあるし、戦争やテロとかもある。自分に向かって誰かが包丁を振り回して襲ってくるというレベルの危険もある。病気とか怪我とか加齢による身体能力の低下もある。社会不安が増大して、マスヒステリーになった人たちが人民裁判で人を殺したり、独裁制になって秘密警察がぼくみたいな態度の悪い人間を捕まえて粛清したりというような政治的な危機がある。武道家はそのすべてに対して備えていなければならない。

武道的な力というのは、端的に言えば、一個の生き物としてあらゆる状況を生き延びることができる能力ということだと思うんです。生き延びるための知恵と力を高めること、それが武道修行の目的だとぼくは思っています。自分自身が愉快に、気分良く生き続けるために心身の能力を向上させること。でも、自分ひとり愉快であればいいというものじゃない。社会格差のせいで苦しんでいる人や、政治体制がうまく機能していないせいで不幸な人が周りにいたら、ぼく自身が楽しくない。武道家なら、そういう問題も何とか解決するように努力するはずです。ぼく自身の心身の能力の開発を阻害するすべてのファクターを「敵」だと考えて、どうやってその敵を無力化していくのか、それを工夫する。

だから、現代における荒天型の武道家は、政治や社会、経済問題に無関心であったりすることはありえないと思うんです。自分がやっている身体技法だけに興味があって、世の中どうなっても知らないよという態度はありえない。

光岡　そうですね。ある意味、これまで通りの世の中に与していればいいという与党感覚ではありえないですよね。

　実際よくあるのが、武道団体を作ったら、与党の政治家を理事長に据えるということです。多くの武道の組織がそういうことをしたがるということは、強い者には尻尾を振って、弱い者には偉そうにする精神構造が政界と似ているからです。

内田　強い者に服従するというのを生きる上での基本的な生存戦略だと思っているのだとすると、それはまったく武道的じゃないです。

光岡　はい、尻尾を振ることは別に練習しなくてもできますから。それなら素朴に日々を暮らしている方の方が人の姿としていいですよね。

内田　政治や社会問題に関して、基本的に考えたくないという武道家は、いまの社会で権力を持っている人たちのご意向が一番大事だというサラリーマン的な発想に囚われているんだと思います。社会システムがそうなっているから仕方がない、偉い人は偉いし、自分たちは偉くないので、その位階制の中でどうやって偉い人たちの保護を受けて、自己利益を確保するか。そんなふうな発想をする人は典型的な晴天型ですね。

　戦国時代までの兵法家はそんなものじゃなかったと思います。政治や軍事、場合によっては経済や自然科学についても知るべきことを知っていないと、自分がどのような技術や能力をこれから身につけたらいいのか、その方向性も決まりませんから。

光岡　それはそうですよね。

内田　荒天型の武道家は、まず自分が置かれている状況を大づかみな歴史的な文脈の中でとらえるところから始めると思うんです。政治も経済も社会問題も宗教も学術も、自分が投じられている状況の変化を決定するさまざまな因子については、できる限りの情報を集め、それぞれについての知見を深めようとすると思うんです。自分はいったいどういう状況に置かれているのかを知ることが生き延びる上で最優先しますからね。足元がぐらぐらしているときに、「そんなの関係ない」とは言えませんよ。

光岡　そう言っているうちにやられちゃいますね。

内田　自分自身が生きる知恵、力を高めていって、どんなことがあっても生き残る。さっきの首狩り族の話ではありませんが、「守るべきものは守る」ということをきちんとやるためには、腕力で守れるものもあるし、総合的な組織力とか、説得力とか、あるいは政策構想力とか、使える限りの力を発揮してゆかないと守れないものもある。あらゆる局面で最高のパフォーマンスを発揮するためにどうしたらいいのか、それを身体的な技術の場で絶えず検証していく。それがぼくの考えている荒天型の武道です。

＊1　**聖地巡礼**　二〇一二年三月以来、内田は僧侶の釈徹宗と共に有志で聖地巡礼を定例で行なっている。

＊2　**釈徹宗**　一九六一年生。浄土真宗本願寺派如来寺住職。NPO法人リライフ代表。

＊3　**中沢新一**　一九五〇年生。宗教学者、人類学者、哲学者。明治大学特任教授、野生の科学研究所所長。

＊4　**関根秀樹**　一九六〇年生。桑沢デザイン研究所。和光大学非常勤講師。古代技術、民族楽器製作演奏家。火起こしや、原始技術のワークショップを行なう。日常及び山林刃物の第一人者。

＊5　**ラプラプ**　十六世紀、フィリピンのマクタン島の首長。世界一周航海の途上でフィリピンに服従と改宗を迫ったマゼランを討ち取る。

＊6　**林崎甚助**　戦国—安土桃山時代の剣術家。抜刀居合術中興の祖。神夢想林崎流の創始者で、出羽楯岡の林崎明神に祈願し、夢想の中で極意を得たという。神夢想林崎流には多くの分派がある。本名は重信。

＊7　**平山行蔵**　江戸後期の兵学者、武術家。昌平坂学問所に入り、聖堂出役・同御普請役見習を歴任後、自宅道場で剣術、兵学、儒学を教えた。常在戦場を実践して玄米を常食にし、実戦実用の武術を提唱した。

第二章　荒天型武術の学び方

生きている力が萎えるようなものから遠ざかりたい

光岡　さっき内田先生が言われたような、自分の楽しみを守るために敵を無化するというのもひとつの方法だと思いますが、敵自体も楽しみの一部にしてしまうというのもありますよね。合気という考えがそうではありませんか？

内田　そうです。合気道[*1]はそうですね。自分の前にいる相手を、可動域を制限するものとか、自分の自由度を減殺するものとかいうふうに考えないで、自分のパフォーマンスを上げるための有用な資源だと考える。この人がいるおかげで自分の心身の能力が高まる。この人がいて、自分に向かって斬り込んできたり、つかんできたりするおかげで、運動の精度が高まり、運動が速く、鋭く、強くなる。そういうふうに考える。自分と自分の環境の関係を対立的にではなく、同化的にとらえる。敵を無化するというより積極的に資源として取り込んで、自分を豊かにしてゆく。合気道にはそういう考えがあると思います。

光岡　そのあたりが今の時代だと、もっと試されると思います。相手を取り込むことは、まず自分というものがないとできないですよね。

要するに、個々のアイデンティティや自分の文化をちゃんと持っていないと自分自身が揺らいでしまう。自分が揺らいだら自分の見ている世界が全部揺らいでしまうわけです。自分が揺らいでいないところにちゃんと戻れて、そこで初めて自分が見ている世界というものがどういうものか気づける。

今の世の中で自分に戻るための手段として、私の場合は武がありますが、ほかに何かあれば、それでもいいわけです。だから上泉伊勢守《かみいずみいせのかみ》*2とか柳生石舟斎*3とか、達人と言われた人たちが現代に生を享《う》けていたら、たぶん黙々と剣術の練習をしていないと思います。

内田　絶対していませんね。

光岡　それこそ原子力について勉強したり軍事力の研究をしつつ、それらが生み出す問題を回避する研究も合わせて進めていたと思います。本来はそういうところも含めて、武ではないでしょうか。

内田　ほんとにそうだと思います。ぼくの師匠の多田宏先生*4も、いま光岡先生がおっしゃったこととほとんど同じことを言われています。戦国時代の侍が現代に生きていたら、剣を振ったり、投げたり固めたりの稽古なんかやってない。それより最先端の科学研究に従事していたはずだって。実際に植芝盛平*5先生のところに戦前に弟子入りした人たちには華族とか政治家とか将官クラスの軍人が多かったわけですけれど、そういう人たちが大先生から投げ技や固め技を教わっていたはずがない。もっとずっとスケールの大きな能力、それこそ何十万人を動かす方法について、原理的なことを学んでいたんだと思います。

先生がさきほどおっしゃった「自分に戻る」ということですけれど、ぼくの場合、主体性とか自我とか、そういうものよりももっとずっと下の方の層に、「生物としての自分」がいて、それこそゾウリムシみたいな単細胞生物のような生き物がいて、それがとにかく「生きたい」と願っている。楽しく愉快に生きたい、と。自分を豊かにするものの方に向かっていって、自分の自由を妨げたり、抑圧したり、生きている力が萎えるようなものから遠ざかりたい。ゾウリムシだって、餌があれば近づき、捕食者がいれば逃げるくらいのことはやすやすとできる。単細胞生物にできることが人間にできないはずがない。そういった非常にプリミティブな生物的実感がすべての活動の根底にあって、ぼくの場合は何をするか、何をしないかを決定するときの最終的な判断基準はそこなんです。

脳が影響している身体が鈍感

内田　ぼくはプリミティブな生き物として生きていく上で、価値観とかじゃなくて、生物としてどうなのかを自分に尋ねます。

たとえば政策Aと政策Bのどちらを選択すべきかといったときに、生物としての自分に「おまえ、どっちがいい？」と聞く。そうしたら「こっちが嫌だ」とか「こっちがいい」と言うわけですよ。

光岡　でも、その問いかけは人間の場合、すごく難しいですよね。なぜかと言うと「生物としての自分」というのは、すごく本能的でありながら、そこに論理も働くわけで、どこかで必ず思考の干渉による自我があるわけです。思考には私たちの習慣であったり、思い込みであったり、体験や経験から得たことも含まれています。

要するに一個人の体験や経験だけですべてを判断するというのは不可能なわけです。世の中のみんなの経験を私はわかるということは無理です。だから、思考が干渉しないところに、自我ではない主体があります。

しかし、思考がわずかでも干渉したときには、思考の干渉を受けた自我になってしまう。たとえば常識というのもそうです。私の常識があるだけで、それが世界の常識とは違う可能性の方が圧倒的に高い。

けれども私の常識でしか見られない私というのは必ずここにいる。この矛盾の中で物事をとらえていく、現実をとらえていこうとしたときに、思考が干渉しない自分のところまでアクセスしないといけない。思考を干渉させないでおけるだけの力がないと現実を把握することができない。つまり生き残っていけない。

内田　どうやって思考の干渉を妨げて思考するか、これは大テーマですよね。

光岡　できないんですけどね（笑）。でも、人間にとっては一大テーマです。思考を自分に干渉させないようにするというのは、物事を「やらないようにやろうとする」ようなもので絶対できません。やらないようにというのがすでに思考が流入している証ですから。

思考を使って思考をしない。言葉を使って言葉を打ち消していく。ここは難しいところです。人間には言葉を使って言葉を増長させていく傾向があります。ですから釈迦は「黙っておきなさい」と言葉を用いず言った訳ですから。

内田　しかしながら、実際に教えていてわかるのは、人間というのは本当に「言葉で生きている」ものだということです。手取り足取り教えなくても、たったひと言で動きががらっと変わりますから。

光岡　それは共感できる部分を生得的に共有しているからではないですか。つまり実感が可能なのは、すでに共有している部分をなぞるように言葉が走る時だけですよね。というのは、共感できないと言葉をどれだけ言われても空振りに終わるわけです。

そのあたりも武術を指導する上で試されますよね。「今だったら、この人もわかるかな」というところで話を進めると、ピッと通るんですよね。闇雲に何か言っちゃったりすると、逆効果になる場合もある。もっと相手がわけわからなくなってしまうこともあります。その時その時で自分の言う言葉も試されます。

他者はどうしたって変えられない。胸ぐらをつかんで「変われ」と言ったところで変わりようがない。その時期が来るまで絶対変われない。だから変われるのは、ドンピシャのそこしかないいんですね。

内田　言葉で動きが変わって、「ああ、良くなったな」と思っていても、また次の稽古になると元に戻っている。それでまた同じことを言う。その繰り返しです。不思議なもので、言葉ひとつで変化するんですけれど、言葉の影響力は時間が経つと消えてしまう。言語的な入力は身体《からだ》に残らないんです。逆に、身体を通じて出力したことは蓄積してゆく。身体って、ある意味すごく鈍感ですよね。惰性が強い。ただのひと言で瞬間的に変わりもするけれど、すぐ元に戻ってしまう。

光岡　頭脳が影響している身体が鈍感なんですよ。本性の身体は、すごく頭がいい。ご飯だって「消化しよう」と思わなくても消化してくれるわけですから。

実は頭はいいけれど、一方で脳の作り出したバーチャルな身体があって、その部分がすごく鈍感なんです。

先ほどの元に戻ってしまうという話も、習慣で培った思考上の身体に戻るから抜け出せないのでしょう。

内田　ぼくが一番感じるのは視覚優位ということです。二次元の表象形式で自分の身体の動きをとらえようとする。でも、二次元で表象された身体の動きって、ぎくしゃくとしたメカニカルな運動になるんです。ヒンジ運動って、あれは運動を二次元処理する人の特徴なんです。実際には関節を動かすときに、人間の身体はきわめて複雑な動きをしている。その動きは複雑過ぎて二次元的な図像に還元できない。でも、視覚優位の人は、どうしても自分の動きを二次元的な「連続写真」のように理解しようとする。その結果、動きから「奥行き」がなくなってしまう。男女で言うと、男の子の方が図像的に自分の動きをとらえる傾向が強いですね。触覚や内臓感覚よりも視覚像を優先する。

光岡　バーチャルな身体に自分を合わせようとするから、そうなる。でも、よく考えたら人間の社会性と呼ばれるもののほとんどはそうですよね。人間社会には人間の思考で製造されているものしかないわけです。自然界には丸いテーブルや平べったい皿は存在しなくて、人間の思考を通して、このような形になっているわけですから。

人にとっての現実は思考で製造された社会体系が前提になるから、木のもともとの姿がわからなくなったり、水のもともとの姿がわからなくなっていく。思考の枠の外にある現実からどんどん離れていきます。つまり錯覚を現実だと思えるわけです。

これは昨日今日の話ではなく、文字や道具を使い始めたときから、ずっとそうなので問題は根深いです。言葉を使い始めた頃から問題はずっとあったのかなと思います。

技に名前はない

光岡　でも難しいですよね。何かを対象化していくこと。つまり私とあなた、これとあれというふうに対象化し、定立させること自体が二元論的な行為で、つまり人間の頭は二元論的世界ででき上がっているわけです。

実際、その二元論的な他者との関係を私たちは見て取れません。たとえば「相手が私の手をつかむ」。こう言った時点でもう二元論化しているわけですが、実際の変化の中に流れる「今の今」においては、実体的な相手も自分もいないということで、そのことを理屈では知っていても、本当にそう感じられるかというと難しいでしょう。自分の実体がバーチャルであるように、目の前にいる相手も同様で、自分がバーチャル化した存在に過ぎない。それが実感できるかというと難しい。

内田　そうですね。

光岡　そういうことを見て取れることが自我ではなく主体に戻ることというか、自分に戻り、本能に戻っていくことだと思います。そこに自分が戻っていく必然性があるというのは、早い話がうまい料理の作り方を説明するのではなく、おいしいものを黙って作れよということですね。

内田　そうですよね。今の話で思いましたが、合気道では、後ろ両手取りというのがあります。相手が後ろに回り込んで両手を取るという動作ですが、武道の本来からすれば後ろを取られるということは、もう斬られているということですから、初期条件としてこれを設定することはありえない。でも、これは非常にいい稽古なんです。これを格闘技的な実戦の形だと思うと間違える。そうじゃなくて、稽古のために作った形なんです。実戦ではありえないかたちだけれど、稽古法としては効果的という身体運用というのは、いくらでもあるんです。

相手が後ろから自分の両手を取りに来る。視覚情報がほとんどありませんね。接点における触覚情報を頼りにするしかない。そうすると視覚優位の場合のように「連続写真」のように運動の下絵を描いて、それをなぞるということができない。触覚情報だけから作り上げた身体イメージって、なかなかおもしろいんです。たとえば、「二本のひもをちょうちょ結びにする」というような動作の命令を与えられたときに、ぼくたちは連続写真的に自分の動きをイメージできませんよね。いくら図像的に写実的に描いても、ひもは結べないから。それよりも指先が触れるひもの手触りとか、ひもがきゅっと締まるときの繊維密度の変化とかを手がかりにしてひもを結んでいる。そういうときに、ぼくたちは自分の手とひもを「主体」と「客体」というふうに二元的にはもうとらえていない。手とひもは渾然一体となって、くねくね動いている。「敵と味方」という二元的な見方は、視覚優位の情報処理から出てくるものじゃないんですか。

光岡　その一方、視覚でとらえた像には、ものすごいリアリティがありますよね。たとえば、相手がナイフを突きつけてきたら「敵だ!」というのがもうありありと見えるわけです。

すごくバーチャルだけど、ある種のリアリティがそこに付随してくるわけです。だから、内田先生が言った通り、稽古と実戦を、想定と現実をよく分けておく必要があるでしょう。そこを取り違えてしまうと、稽古でやっていることが、実戦で通用するという考えになってしまう。稽古でしていることが実戦で通用するわけじゃなく、稽古は稽古としてあって、そのときに本当にできるかどうかを決めるのは、やはり稽古で養った自分でしかない。

だから、ときどき「投げてもらってもいいですか」といったふうにお願いされることがありますが、意拳においてはああいうことは稽古としてはありえないですね。

意拳が相手を投げないのは時間の無駄だからです。一瞬の位《くらい》を取るかどうかが問題なときに投げることに意味はありません。少なくとも武術として本質に迫るなら、せめて一瞬で崩し、潰すように投げたい。基本的に受け身を取れるのは、受け身を取れるように投げているからですよね。

また、意拳の指導では手を取って教えますが、組手のように向きあっての対人稽古は極めて少ないです。この組手をしないという実戦性がなかなか一般には自覚されない。なぜかと言うと、バーチャルな組手の中でバーチャルな試合や立ち合いをすることに意味を見いだすことの方が二元論に馴染んだ脳は好きなんです。大会から個人間での組手や乱取りまで、ふたりが向きあった時点でルールができ上がるわけですが、そこで互いに成立するようなことはもうバーチャルなことです。そこで通じることは実際の場面に応用できないし、なんら役に立たない。

内田　そこのところは難しいですね。後ろ両手取りでも、技の意味を勘違いしている人は、「後ろからこう取られたら、こうやって倒す」といった説明をしてしまう。でも、ぼくはそれは違うと思う。実戦的な状況設定の中でどう動くのかという話ではなく、むしろある種の身体感覚を選択的に発達させるために作り込まれた形稽古なんだと思います。呼吸法とか瞑想法とかと同じで。まさか呼吸法を実戦の形だと思っている人はいないと思います。でも、呼吸法を十分に稽古することで、身体運用の精度も強度も劇的に高まる。実戦を想定していない稽古はすべて無意味だというふうに思っている人がたまにいますけれど、そういう人の技の説明って、なんだか変なんです。

光岡　何か言い訳がましくなりますよね。

内田　武道の形が実によくできていると思うのは、特定の感覚や機能を選択的に強化開発するように体系化されているところですね。さまざまな機能や能力がバランス良く発達するように工夫されている。それらの形をまんべんなく稽古することの総合的な効果として、実戦的な身体運用が可能になる。そういう理屈だと思うんです。植芝盛平先生が技に名前をつけなかったのはそのせいだと思うんです。大先生《おおせんせい》（編集部註／植芝盛平のこと）は「動けばすなわち技となる」ということをおっしゃっていますけれど、形稽古を通じて術理が深く身体化したならば、

植芝盛平

立っても座っても歩いてもご飯を食べていても、すべての動きが合気道になる。大先生はそうおっしゃりたかったのではないかと思います。

認識と現実のずれをどう埋めるか

光岡　一方で、技の名前をつけないと、今度は社会的に伝えていく術がなくなりますよね。

内田　たしかに。「あの、〝ぐるぐる回るヤツ〟やって」というのはたしかに指導のときに若干不便ではありますね。でも、おもしろいなと思うのは、入門してきた初心者たちのうちの何人かは、二、三カ月稽古すると、必ず「先生、形っていくつあるんですか?」「全部の形を収録したマニュアル本はありますか?」って聞いてくることです。

たしかにほかの武道の形稽古だと、基本的な形を連続写真で図解したものがありますから、そういうものがあると思うらしい。「そんなのないよ」と言うと、なんだか片づかない顔をしている。「何でないんですか」とさらに聞いてくるから、「だって、そういうものじゃないから」と言うんだけれど、なかなかわかってくれない。動けばいいんですよ。術理にかなった動きをしていれば、それでいいんだから。

光岡　術や理はその都度生じることです。と言うのは、現実の大前提は「次の瞬間、何が起きるかわからない」です。どうなるかわからない中で、そのときに必要な術や理が生じるわけです。その都度新たになる現実の流れの中では、「前にこうやって受けて返したらうまくいった」ということが通じない。再現性のない世界が前提なわけですから。

新たな術や理をそのときそのときに築いていけるか。それが実戦即稽古、稽古即実戦になりえる。

内田　韓氏意拳ではどういうふうにそこのところを稽古されているのですか？

光岡　自分の在り方をいかに把握するか、が稽古の中心となります。要は自分の感覚と自然な動きの間にずれがないかどうかで、そこを見て取ることは決して固定化した見方でできるものではありません。だから「私にとっての現実はこうだから」と外の世界を規定していくのではなく、現実にそうであるところを「なぜそうなっているのか」と問うてみる。

私がそれをどう感じ、認識しているのか。感じることと実際に起きている現象は同起していますが、認識は必ず後からやって来るので、認識してから動こうとすると現実に遅れを取る。つまり、やられるわけです。でも、たいていの武道は、認識した動きを再現しようと稽古していますよね。

韓氏意拳では、今述べたようなことを基本とし、形体訓練という練習方法で身体の自然な動きを学んでいきます。手を振ったり回したりすることで、自分の背丈や手の長さ、足の長さがどれだけのものかを身体感覚で知っていく。動く際に、どこかだけ止まったり固まったりして、どこかの部分が過剰に動いていないかを知っていく。身体全体が自然に動いているか。そういうところを見ていきます。

先ほどいわゆる組手のような対人稽古があまりないと言いましたが、意拳における対人稽古を定義すれば、実際に触れて学ぶ中で、他者と共有できる何かを通じ、再度自分を見直していく。これが対人の稽古です。人間は基本的に寂しがり屋で、その寂しさと向き合ったときに、他者との関係を求め始め、そこで社会性が出てきます。でも、一方でわかっているのは、自分がこの世に生を享け、またこの世から去っていくときは、ひとりだということです。そこのシビアな現実《リアリティ》を寂しく感じる自分がいるから他者との共有を欲するわけです。

結局のところ人は自分のことが知りたい生き物で、他人の感覚ではなく、私にとってそれがどう感じられて、なんであるかを明らかにしたい。他者との共有は、「自分が何者であるか」を知っていくためのものです。だから、共有を求めつつ外せないのは、独立して自分が存在していること。つまり、生まれ死んでいくにあたって独りだという事実と、全体とつながりながらも唯我独尊であることを学んでいく。そのためのひとり稽古も大事です。対人稽古との双方が必要だと思います。

主体的な受け身とは何か

内田　そういう稽古の中では上達というものをどうとらえているのでしょう?

光岡　自分をよりよく知っていくことです。いいところも悪いところもあるから、そういうところを否定することなく自分で認めていくことじゃないでしょうか。以前、内田先生が私を指して「ナイフを使って練習しているときはすごくうれしそうですね」と言われましたよね。

内田　すごくうれしそうですよ(笑)。

光岡　それはある意味、私の中にある暴力的な本能の部分です。そこは自分で認めているわけです。それを「暴力はダメだ」のひと言で済ませることなく認めていく。実際に人間には獰猛なところがあるわけです。もしも自分の子どもがお腹を空かせていたら、ほかの人の食べ物を奪ってでも与えることもありえます。そんな生き物であるという前提があって、それをきれい事で片づけずに、「そういう側面もある」ところからスタートしないと等身大の人としての稽古は始まりません。

内田　ナイフを捌《さば》いている様子を見ていても思いましたが、光岡先生は間合いの切り方が本当にお上手ですね。全然対立的な図式にならない。相手がナイフを向けて来ても、するするっと近づいて、「うちでお売りしたナイフに何か問題でもありましたか？」みたいな感じで、当たり前のように相手の手からナイフを取り上げていて、もう終わっている。「なんだ、コノヤロ、やってやるぞ」という感じがまるでしない。

光岡　そういうことをしていると、やられますからね。相手がこう来るからこう動くだと終始、自分が後手に回っていることになります。最悪の状況であってもそれに対し、受け身になり過ぎずに、どこまで主体的でありえるかが問われます。

主体的で主導的、能動的な受け身ということが大事で、だから受け身を取ることを自分が折れることと理解してしまったら、相手はいくらでも簡単に攻められる。だからと言ってこちらも安易に攻めて出ていけばいいわけでもない。

でも、よく考えてみれば、受け身を取るのは人間だからなんですよ。受け身を取るとか、誰かを受けとめる、受けこたえる、受け流すというのは人間以外はしません。

内田　多田先生が植芝先生に入門したばかりの頃、ある先輩が初心者に技を指導しているときに、「手をこういうふうに取られたら」と言った瞬間に、道場に顔を出された大先生から「取られるのではない！　取らせるのだ！」と一喝されたそうです。何度もうかがった話ですから、多田先生としても印象深い話なのでしょう。

武道的な立ち合いの場面では、どんなことがあっても自分が場を主宰していなければならない。「手を取られた」ところから始まる動きというのは武道的にはありえないわけです。攻撃を受けた場合でも、「攻撃された」ではなく、「攻撃させた」というふうに事態をとらえる。

光岡　でも、現実には先手でないと、やられちゃいますよね。

内田　「後手に回った」と思った瞬間に、人間は絶対的に遅れてしまう。相手が提示した状況に応じるための最適行動をただちに選ばなければならないというかたちになる。相手が出した問題に正解を迫られる。この、「問題を出されたので正解で応じる」という発想がまったく武道的ではないんだと思います。でも、受験勉強マインドがしみついた現代日本人は、ほとんどが武道的な動きの適否を「出された問題に正解できるかどうか」という枠組みで考えてしまう。

でも、そうじゃないんです。「自分にはどんな動きもできるのだけれど、たまたまいまはこの動きをすることにした」と考える。「自分が選んでいる」と考えるのと、「相手に選ばされている」と考えるのでは、同じ動きをしていてもパフォーマンスがまったく違いますから。

「あのときああしとけば良かった」というようなことは絶対に思っちゃいけない。過ぎたことについての後悔と、「これからどうなるんだろう」という取り越し苦労はどちらも武道的には禁忌です。過ぎたことはもう過ぎたことなんだから考えても仕方がない。まだ起きてないことはまだ起きてないんだから考えても仕方がない。

光岡　そう考えてみると『聖書』などの教典を筆頭に歴史的な書物に書かれてあることは結構、「ああしとけば良かった」「こうしとけば良かった」ばかりですよね。

内田　ぼくはできるだけものごとを逆向きに考えるんです。「なぜ〝あること〟が起きて、〝それとは違うこと〟が起きなかったのか」、それについて考える。「起きても良かったはずなのに起きなかったこと」がある。それはなぜ起きなかったのか。それを考えるのは、結構おもしろいですよ。普通は因果関係の中でものを考えるから、みんな「起きるべきことが起きた」と考える。「起きても良かったのに、起きなかったこと」については一片の関心も示さない。でも、ぼくはそれはおかしいと思う。実際には何かが起きるまでには無数の分岐点があったわけです。起きても良かったことを想像するのは、現在の状況を理解する上では、非常に有用だと思うんです。

「逆向きに考える」（reason backward）というのはシャーロック・ホームズの言葉（『緋色の研

究』）なんです。『白銀号事件』でホームズは「起きたこと」ではなく、「起きなかったこと」を手がかりにして推理する。「なぜ、あの晩に限って、犬が吠えなかったのか？」。そういう無数の分岐の網の目のようなものの中で今起きていることを眺めると、ぼくはすごく自由な気分になるんです。選択肢が縦横にいくらでもあるような気がしてくる。

光岡　でも、その矛盾は過去ではなく、前向きに成立していきますよね。生命現象は常に前向きになり立っていくわけですから。

同じミスを二度繰り返さないでおこうというのは本能でしょう。自分が何かひっかかっていることとか後悔していることがどうしても捨てられない、忘れられないというのは、もう一度、絶対そういう似たような事態と必ず出会うからですよね。だから忘れない。

そして、似たようなことに出会ったとき、「おまえ、もう一度同じことを繰り返すのか？」と神様というかお天道様が言うわけです。

内田　繰り返しちゃうんですよね、これが。

光岡　ええ、もう一回してしまったりする。大体、ぶつかるタイプの人や苦手なタイプは決まっていませんか？

内田　ほんとにそうですね。自分の犯した失敗を「あれは仕方がなかった。あれはあれで良かったんだ」というふうに総括してしまうと、必ず同じ失敗を繰り返す。あれは自分で引き寄せているんですよね。自分の失敗を「あれで良かった」「あれは仕方がなかった」と言い逃れてしまうと、同じことがもう一度起きたときも、同じ失敗を犯してみせないと話の筋目が通らなくなる。だから、失敗したら、がばっと土下座して、「失敗しました」と宣言した方がいい。自分の失敗は失敗として素直に認めないと、失敗に取り憑かれてしまいますから。

光岡　そもそも自分の失敗は、ほかの人のせいにできませんからね。

原発事故と晴天型モデル信仰

内田　そういう意味で言うと、福島第一原発事故も関係者全員が一度きちんと謝らないといけないと思います。「これは私たちの大失敗でした。本当に申し訳なかった。言い逃れ致しません」と言わないといけなかった。

光岡　改悛は自分でしかできません。他者に要求することもできないし、他者に要求されることもできないです。

内田　原発事故の始末を見ていると、戦後日本の緩みの一番悪いところが出ているなという気がします。被害規模についての正確な報告がなされていないし、原因の徹底的究明もされていない。何とかして被害規模を過小に申告し、原因をうやむやにしようとしている。

これは前の戦争の負け方がいけなかったんじゃないかとぼくは思っています。本来であれば、敗戦国民は歯がみしながら、「次は負けない」とつぶやくものです。「次は負けない」。そのためには今回はどうして負けたのか、その原因を徹底的に調査しなければならない。「次は負けない」と強い決意を持っている人間が「絶対に次に負けないためのベストの選択は、もう二度と戦争をしないことだ」という結論に至ることができる。でも、日本人はそうしたわけじゃない。「二度と戦争をしません」とまず宣言することによって、「なぜ負けたのか」についての精査義務を放棄した。「一億総懺悔」で、失敗をすべて不問に付した。

「もう二度と戦争をしない」というのは間違いなく日本人が採択すべき結論なのですが、残念ながら、日本人はその結論に自力で到達したわけではない。だから、「もう二度と戦争をしません」という誓約の言葉が軽いんです。その場を逃れようとぺらぺら口走った言葉だから、気持ちがこもっていない。責任を取る気がない。だから、ちょっとナショナリズムが亢進すると、平気で「じゃあ、一発戦争でもするかね」というような浮薄な言葉がメディアに垂れ流しされるようになる。

光岡　限定した条件での「このような戦い方はしません」というのであれば言語提起的に正しいけれど、そもそも「戦いません」ということは、ありえないわけです。自然界では切磋琢磨《せっさたくま》して、互いに生物が生き延びていく中で争いは絶えず起きており、これは私たちが避けて通れないところです。

だからと言って、いつでも感情をむき出しにして戦えばいいというわけじゃないから難しいですね。昔の武士ではないけれど、刀をいつでも抜いて斬れるようにしておくことは大切。と同時に喉元に切っ先を突きつけられても、まだ抜いていない状態でいられるか。そこが武で試されるところです。

内田　原発の事故の後、「原子力発電はこれからもやる。だが、事故はもう二度と起こさない」と原子力行政のトップがはっきり国民に向かって言うべきだったと思います。どれほど批判の十字砲火を浴びても、昂然《こうぜん》と頭をあげてそう言うべきだった。そう言えば、「じゃあ、絶対に事故を起こさないためにはどうすればいいか」という技術的な問題に論点が移る。技術的な問題だけに限定して、徹底的に考えていったら、「絶対事故を起こさない」ためには、法外なコストがかかることがわかる。そして、このコストを考えたら、原子力発電は「国益上、やめた方がいい」というプラクティカルな結論に至る。「二度と事故を起こさない」とまず宣言すれば、「そのためには原発を止める以外の選択肢はない」という結論にリアルでクールな推論で辿りつくことができた。それを「法定の基準を適用する限り、安全性に問題はない」というような言い逃れをして、むりやり原発再稼働に持ち込んだ。再稼働に際して、「二度と事故を起こさない。事故が起きたらそれは私の責任だ」と断言した人がひとりもいなかった。

光岡　とことん理詰めで考えていけばいい。

内田　理詰めでいけば、クリアな結論に至ったはずなんです。

光岡　上辺《うわべ》のきれい事だけで何とかしようとしたのがいけないんですよね。先日、原子力資料情報室の山口幸夫[*6]先生に話をうかがいました。科学者ですから、とことん理詰めで考える方で、若かりし頃は「原子力という選択もありえるのではないか」と、さまざまなシミュレーションをしたそうです。その結果として導き出されたのは、いかに原子力が割に合わないか。いかに危険かとわかった。

内田　そういう推論の仕方が本筋ですよね。原発を再稼働しなければならない理由というのが、真夏の消費のピーク時に少し電力が足りなくなるからという説明があった。そのピーク時って何だ？　と言えば、高校野球の決勝戦の時間帯だという。野球の試合なら朝涼しい時間にやってもいいし、ナイトゲームだっていいじゃないですか。節電するならテレビ放映を止めればいい。ゲームの流れをリアルタイムで追いたい人はラジオを聴けばいい。その程度の対応策さえ誰も提言しなかった。
　石油ショック[*7]のときは、ネオンサインを止めて、テレビも深夜放送を全部止めました。今度もそうするのかと思ったら、「テレビ放送を止めろ」と言ったメディアはひとつもなかった。原発を止めることは、「集団自殺」だとか「猿に戻るのか」ということは言っても、節電するなら「テレビを止めろ」と誰も言わなかった。結局、自分たちの商売がこれまで通りにできるようにして欲しいという産業界の要請に屈服して原発再稼働が決定された。あれほどの原発災害があって、まだ事故処理も終わっていない、被害規模も確定していない、真相究明も行なわれていない段階で、「商売に差し障るから原発動かせ」という声に従った。ことの軽重が全然わかっていないと思います。

光岡　言葉に矛盾がありますよね。「新しい未来を築こう」と言っている人たちが現状維持に一生懸命になっているわけです。現状維持していると新しいものは築けない。その単純な自己矛盾に気づけない。
　二〇一一年三月十一日に私は東京にいたのですが、翌日の光景が不思議でした。会社に向かおうとする人たちがたくさん駅に並んでいまして、報道は「冷静な行動」と評していましたが、あれは単なる慣習でしょう。昨日の続きを止められないだけの話で、それを「冷静」と評価している。

内田　似たようなことが何年か前に神戸でもありました。新型インフルエンザの最初の症例が神戸で発見された。非常に感染力が高いウイルスだということで「とにかく外出を控えろ」というアナウンスが行政からなされた。学校行事も全部中止になって、神戸の繁華街がいきなり無人になった。ぼくは無根拠な自信があるので、マスクもしないで街に繰りだしたのですが、本当に人がいませんでした。

　数日したら、今度は「こんなことしていたら都市機能が麻痺する」ということを大阪の府知事が言い出して、警戒が解除されました。でも、これは没論理的ですよね。ウイルス感染を防ぐために出された外出自粛令を撤回するロジックは「もう感染のおそれがなくなった」以外にはありえない。でも、このときも「みんなが家にこもっていたのでは商売にならない」というビジネス優先の発想から「感染してもいいから、これまで通り外に出て消費行動をしてくれ」ということになった。

光岡　行政に言われて家にこもったり、商売ができないから戻ってくれと言われて素直に出たりする方も問題ですけど。

内田　たしかにどっちもどっちですね。でも、メディアはこの行政の豹変を批判するどころか、テレビのニュースで客足のとだえた三宮センター街を撮影して「お客さんが来ないんで困っています」という商店主の声を繰り返し放送していた。そうやって「インフルエンザより商売が大事」という論調を作り上げた。

幸い、新型ウイルスは感染力は強いけれど、毒性の弱い種類だったので、おおごとにならずに済んだ。でも、外出自粛令が解除された時点では毒性についての情報はまだわかっていなかった。何が起きているのかよくわからないときに、とりあえず行動を自粛して様子を見るというのは生物として正しい判断です。危険については、それを過大評価して失うものと、過小評価して失うものでは、桁が違うんですから。だから、外出を自粛して家でじっとしているというのは健全な反応だったんです。でも、行政は最初のうちは「家から出るな」と言っておいて、数日すると「家から出て消費活動をしろ」と言い出した。話の筋目が違うでしょう。このときも行政の判断は「国民の健康より金が大事」だった。

震災と原発事故の直後の三月十六日に「『疎開』のすすめ」という一文をブログに書いたんです。そしたら、すぐに与党の政治家からメールが来て、「ああいうことを書くのは止めて欲しい」と言われました。「ただでさえ首都圏の消費が鈍っているところへ持ってきて、あなたのような方が〝東京から出ろ〟なんて言ってたら、経済活動に支障が出るから」。これは結構ショックでした。ぼくが命の話をしているときに、先方は金の話をしている。

そういうビジネスの論理というのは、完全に晴天型モデルですね。貨幣があって、市場があって、中央銀行があって、為替システムがあって、クレジットがあって……経済活動の条件が全部そろっているところで初めてビジネスのゲームは成り立つ。その枠組みそのものが解体した場合のことを考えていない。

光岡 理で詰めていかないからでしょうね。中途半端な理詰めだと「大丈夫」と思ってしまいますが、徹底すれば、結局、大丈夫じゃないというのがわかってくる。

中途半端なところで止めてしまうのは、既成の枠組みに従って物事を見る中で期待を加えるからですよね。未曾有の事態が起きている。でも「一応、資格を取っておくか」とか「とりあえず大学に入るか」とか、上辺の形骸化した価値だけでも何とかなるんじゃないかと期待を込めて思ってしまう。そういう考えが今に至る社会を強力に推し進めてきたわけだから、本質的なところになかなか目が向かないのは当然でしょう。

晴天型モデルを信じない若者たち

光岡　それにさんざん「企業に就職しないと生きていけない」と教育されてきたのに、「これからは自由にしろ」といきなり言われたとしたら、それは世の中に出るのを怖れても仕方ない。でも、ジャングルみたいな状況に放り出してみたら、それなりにみんな生き延びると思うんですよ。自分の子どもの成長を見ているとおもしろいのは、必然性が迫っていないときにはいろいろなシミュレーションを働かせるけれど、必然性がそこに生じたときに豹変して、状況に応じようとする。

内田　追い詰められると、人間は合理的に判断しますよね。今の二十代前半ぐらいの人たちは、わりと突き抜けていると思います。日本はこれから大きな変動期を迎えてゆくことになり、今のシステムの多くは壊れるだろうということを直感的にわかっている。だから、その上でどうやって生き抜いたらいいかを手探りしている。今のシステムの中で「こうやれば成功する」みたいな話はスマートな若者たちはもう信用していないと思います。

そういうふうに思考が開放的になっている若い世代に比べると、どうも四十代以上の人たちは、なんだかふてくされてるように見える。「どうせこの社会はダメだ」と言い放つだけで、でも、このダメな社会で出世したり、年収を増やしたりすることしかやることはないと思っている。視野が狭いし、さっぱり希望がない。週刊誌とかテレビの政治報道とか見ていると、そういう暗い、底意地の悪い言葉ばかり行き交っている。そういう態度を示す年長者を若い人たちはもう見限り始めているんじゃないですか。この人たち、信用できるのかなと。たしかに鮮やかに世の中の醜いところや間違っているところを切り捌いているけれど、じゃあ、彼らが世の中を救ってくれるのか、フェアで手触りの温かい社会を作るために汗をかく気があるのかと言うと、さっぱりそんな気配はない。若い人たちに向かって、自分のことは自分で考えろ、甘えんなよ、という突き放した感じがする。でも、そりゃちょっとないんじゃないかとぼくは思うんです。これだけろくでもない社会状況にしたことの責任の一端は年長者の側にある。若い人に罪はないんです。彼らを何とか生き延びられるように支援するのが大人の責務じゃないんでしょうか。

若い子たちの中で、とくに感覚のいい子たちは「はたしてこの乱世を自分は生き延びられるだろうか」ということを、かなり鋭く突き詰めて考えています。だから、成功するためのノウハウを教えてくれというような愚かなことを言ってこない。自分で判断して、自分で責任を取るというスタイルが身についている。それは一時期文科省がうるさく言い立てた「自己決定・自己責任」というようなイデオロギーとは関係ありません。だいたい「自己決定しろ」と人から言われて「あ、そうですか。じゃあ、やります」というような生き方は自己決定と最も無縁なものですから。

そういう本来の意味で自立的な若者がぼくの周りには増えているという実感があります。目立つのは外国暮らしが長かった人たちの元気の良さですね。日本で初等中等教育を受けていないせいで、スポイルされていない。本当にそうなんです。ということは、今の日本の学校教育って、極言すると、学校に行くだけ子どもたちの成熟が妨害される、そういう逆教育システムになっている。

光岡先生は、アメリカ暮らしが長かったんですよね?

光岡　小学校はほとんどアメリカで、中学と高校が日本でした。

内田　日本とアメリカの学校制度について思うことはありますか?

光岡　アメリカでは個性や独創性を大切にします。日本の教育は、私にとって窮屈でした。みんなと同じようにすること。そうしないといけない空気が日本の教育には感じられました。また、日本とアメリカだけでなく、私の妻が中国人なので、中国も加えて義務教育について思うのは、どこの国の教育も共同幻想や神話のような歴史教育をベースにしているということですね。アメリカはアメリカンドリーム、自由と正義という神話をベースにしているし、日本では、私の世代だと高度成長期という幻想を、中国は共産主義の思想を共同幻想にすべく教育しようと試みました。それぞれの国が神格化された共同幻想を基に社会を築いていった。

問題となるところはどこも同じで、その神話や共同幻想をベースに政治体制を作ろうとしているところです。共同幻想を基にした政治と教育はリンクしてるわけだから、そこは根本的な問題がありますね。

たとえば、アメリカで自由を絶対とする教育を受けると、自由と自分勝手、自立性とワガママの違いがわからない人が出てきます。その自由が持つ根本的な問題が解決されないまま規模が大きくなると、自らの国益を守るためにイラクやアフガニスタンなど他国に対して腕力で言うことを聞かせていいという、ワガママで自分勝手な正義を実行することになります。

要するに根本はワガママでも上辺を「武力行使」という冷静な言葉で覆うことで暴力行使をすればいいとか、とにかく経済的な成功である富を得ればいいとか、そういったわかりやすい新たな共同幻想の基になるような言い訳をつくっているように見受けられます。

日本はと言えば、そのようなアメリカを始めとする西洋の影響を受けながらも、昔の名残をのこしているので、文化らしきものと西洋文明の影響を受けた新しい価値観との狭間で生きているわけで、すごい矛盾があからさまに見えますよね。

伝統文化を見直し始めた中国

光岡　どこの国にも悪いところはみんなあるし、いいところもあります。たとえば社会性における他者への思いやりは、日本は中国やアメリカよりもあるかもしれない。ただ、それが強く出過ぎると同調圧力が高まって、才能ある個人を潰しもする。過去の実績や過去の共同幻想で作り上げられた権威などで個人を抑えこもうとする。

中国はと言えば、共産主義でありながら資本主義化しているので、今までの共同幻想ではもう通用しないでしょうね。中国へ行ったら、本屋を必ず訪ねますが、並べられている本の傾向は、現在の社会性を表しています。

初めて訪中した二〇〇一年当初は、反日をテーマにした本や中国政府がいかにすばらしいかという本が結構並べられていました。近年は中国の古典思想や『黄帝内経』といった中医学の古典などが並べられています。

やはり個人は最終的には生活と文化にしか戻れないから、アイデンティティを取り戻し、守るために、何とか自分たちの生活の中で文化を守ろうとしているのかなと思います。

文化大革命[*8]の反動はやはり大きいのだと思います。たとえば北京清華大学の答案用紙に、簡体字ではなく、これこそが本来の中国語だと言って答案をすべて象形文字で書いた学生がいたそうです。これも文化の取り返しと死守でしょう。

内田　武術の位置づけはどうですか？

光岡　中国武術はずいぶん社会に妥協してきた経緯があります。生き延びていくには、社会性にどう符合する武術体系をつくっていくかが問題だったからです。そういう妥協の産物として、太極拳の体育化が国家によって行なわれました。二十四式[*9]は要するに中国を世界に売り出すひとつの手段としてつくられたそうです。現在残っている少林寺の武術もほとんどがそうです。実質が伴う武がどんどん廃れて上辺の文化的なものによる形骸化が進んでいます。

内田　文革の際、武術は弾圧されたと聞いています。今は国家の支援があるということですが、韓氏意拳はどうですか？

光岡　韓氏意拳にそういう支援はまったくありませんね。と言うより、いま中国に弟子はきわめて少なく、練習生がいちばん多いのは日本です。

韓競辰（左）と韓星橋（右）

今のバブル経済期の中国だと、やはり韓氏意拳は理解されにくいでしょう。老荘や孔子、陽明学、仏学といったものを体現する意拳と資本主義社会とでは相容れません。

内田　伝統回帰の動きがあってもダメですか？

光岡　古典や伝統のリバイバルは、右肩上がりになっていく社会や時代にちょっと不安を感じているからであって、右肩上がりそのものを疑っているわけではない。だから本源的なことを問う学問にはあまり関心が向かないでしょうね。

内田　なるほどね。でも、いずれ注目が集まると思います。古典再評価とか伝統文化再評価は、経済成長が一段落した後に来ると思いますね。

光岡　時間に任せるしかないところはありますね。韓氏意拳の問う「自然とは何であるか？」は、共産主義や資本主義と真逆の世界観ですから。問題はそれだけではなく、韓競辰先生が言うには、「中国人は頭が良過ぎるから教えにくい」のだそうです。

つまり、中国の古典を読んだことのある人は、それなりにいるわけですが、体感として老子や荘子をとらえることと文字だけで知っていることの間には隔たりがあります。ですから文字というバーチャルな世界だけで理解したつもりの人に対して、教学を伝えにくいようです。

逆に、アメリカ人や私なんかは前提となる教養がないので、老荘の話を聞いて、「ああ、すごいな、そんな話があるんだ」とおもしろがる。だから頭がいいのもどうかなと思います。そういう意味では、韓先生は渡来僧の鑑真《がんじん》みたいな存在ですね。言葉が直接通じないからこそ熱心に聞く人がいる。中国語がなまじ通じると、「ああ、それね。知ってる」で終わってしまう。

中国人の思考、表現の特徴

光岡　中国人でそれなりの人たちの頭の良さの特徴というものがあって、それはこちらから見ていると頭上に漢字がパパッと明滅する感じなんですよ。ものすごく情報処理が速い。漢字は記号ですから漢字ひとつひとつに意味があって、しかも日本語のように間に「てにをは」がないので、隙間のない情報の羅列で考えたり、しゃべったりしているわけです。

うちの奥さんは何かにつけ「忙しい忙しい」と言うんです。何で？　と聞いたら「中国人はみんな忙しいんだ」と言う。最初は意味がわからなかったけれど、なるほど頭の中が漢字で埋め尽くされていたらそれは忙しい。だからと言って情緒がないわけではないんです。日本のような情緒がないだけです。老子や荘子、杜甫、李白を持ち出すまでもなく中国人は情緒深いです。ただし、日本語で中国の情緒を理解しようとすると絶対わからない。中国人の情緒というのは感覚や感情の間が短い。だから、意の方が重んじられます。日本のように心ではありません。

内田　意と心では何が違うんですか？

光岡　心というのは、漢字で言うと、思や想、憶、情、志、念など心が関係する漢字すべてを包括するものです。意というのは、心の働きとして一番最初に来る衝動の兆しのところを表しています。私の心がそのように動くという、もしくは、そのように何かを受け取るという、その心の初動の部分が「意」なんです。

内田　なるほど。

光岡　日本は心の文化で、何かに心を込めたり、何かが心に映えたりいろんなものを周囲から受け取るわけです。中国も古典を読む限り、もとはそうだったと思います。

　でも、現代中国人にとっては白楽天も李白も記号でしかない。「ああ、そういう見方もあるのかもね」と言われます。

　とにかく意は間が刹那《せつな》的に短いから、ある種の機微について「たしかにそう感じるけど、だからどうしたの？」と感じた事に対して意味を理屈で考えようとするプラクティカルで論理的な片づけ方をされてしまう。

もともと漢字を作るくらいだから、中国人は筋金入りのプラグマティストなんでしょう。そうでありながら、唐詩や数々の大芸術を生むくらいですから、すごく論理的なところと情緒的な部分が同居している。その移り変わりは、日本語だけをしゃべる人には非常にわかりにくい。

内田　今はそれなりに中国語を話されるそうですが、最初に行ったときはどうされたんです？

光岡　中国語を日本語に訳さず、中国語としてずっと聞いていました。それはわざとじゃなく、そうでないと韓先生の言わんとするところが理解できなかったからです。

韓先生からずっと中国語で意拳を教えてもらっていて、通訳の人などもいるにはいたのですが、私自身が日本語に訳すことがなかったから、かえって理解するのに良かったですね。

内田　最初から中国語の思考で習われていたということですね。

光岡　中国語の思考が作られていく過程でもありました。しかし、そうした方が見方や考え方をもう少し深く理解できますよね。言葉が違ってくると完全に一致しているわけじゃないので、日本語や英語に訳してしまうと、そのときどこか脚色している自分がいます。

ある意味、わからないものをわからないままに学ぶことで見えてきたことがあって、それは意拳のおもしろさは、「何を習ったのかよくわからないところ」だということです。もちろん体系はわかりますが、そこで教えてもらったことの真逆なところにどんどん目が行くので、何を習っているのかと改めて考えるとわからなくなる。そこが意拳を学んでいく上でのおもしろい現象ですよね。普通だったら、教わったことを教わったように行なうけれど、意拳をやっていると、教わったことの真逆に行く自分というのがいるんです。

武道のカウンターパートとしての哲学

内田 具体的にはどういうことですか?

光岡 たとえば、形のことを言われると、形が気になると思いますが、形じゃないところに目が行く自分がいます。

だから、ある言葉を言われても、その言葉じゃなくて、その言葉の反対側にあるところに関心が向かう。韓先生の教え方のうまさももちろんあると思いますが、同時に意拳というものが代々そうであったような、流儀が持つ特徴みたいなものがあるかと思います。

内田 ぼくが合気道を一番詰めて稽古していた頃は、昼間はエマニュエル・レヴィナス[*10]というユダヤ人の哲学者の本を読んだり、訳したりして、夕方になると道場に行って稽古する。その繰り返しでした。

傍から見ると、合気道とレヴィナス哲学の間には何の関係もないように見える。でも、やっている本人の中では「よくわからないが、深いところでつながりがある」という直感がある。どこがつながっているのかと訊かれると、今でもすぐには答えられません。でも、三十五年もやっていれば、だんだんつながりがわかってくる。ぼく自身の頭も身体も合気道とレヴィナス哲学で作られてきたわけですから、ぼく自身がその「つながり」が現実化した姿そのものであるわけです。ぼくがなぜある考え方をして、それとは違う考え方をしないのか。なぜある所作を他の所作よりも重んじるのかということを細かく分析してゆけば、そこで「つながり」がわかる。ぼくの場合は、合気道の術理を哲学の用語で理解し、哲学の難所を武道的な身体知で乗り越えるということをしているわけです。両者の「つながり」は現に実践的に生きられている。

光岡　違う視点ですよね。

内田　ぼくの場合は多田宏先生とエマニュエル・レヴィナス先生というふたりの人を個人的に知って、「この人は信じられる」と確信することができた。このふたりは世界のあり方、人間のあり方について深い叡智を語っているということが確信できた。何を言っているのかはよくわからない。けれども、ぼくが理解しなければならないことを語っているということはわかる。話の意味はわからないけれど、「私の言っていることの意味がわかる人間になれ」というきっぱりしたメッセージは身体に伝わってくる。

ふたりの偉大な先達がぼくに向かって「何かを理解せよ」と告げている。それぞれ言い方は違います。でも、ぼくの知性的・感性的・霊性的な成熟を促していることは間違いない。多分、ふたりとも「同じこと」を別の体系に即して語っているに違いない。その直感を何とか言葉にするまで三十年かかりました。

光岡　不思議ですよね。私は意拳の創始者である王薌齋《おうこうさい》*11に会ったことがありませんが信じられたのです。内田先生はレヴィナスには会われたんですか？

内田　会いました。幸い、先生が生きているうちにお会いできました。もう一度お会いしようと思っているうちに亡くなりましたから。会っておいて本当に良かったです。実際に会って顔を見て、お話しできたせいでその人に対する信頼は深まりましたけれど、仮に会う前に先生が亡くなっていたとしても、ぼくのレヴィナス先生に対する信頼は本質的には変わっていなかったと思います。

光岡　そうですね。その信頼のきっかけは会うところから始まっていないですよね。

内田　本を読んで、「この人はすごい」と思った。そして会ってみて、「ああ、この人はやっぱり本物だ」と思った。パリまで会いに行ったのは、そのことを確認したかったからなんです。

王薌齋

光岡　人間はバーチャルな世界を借りてしかリアリティが見られないから、そういうことが成り立つんですね。

内田　武道の場合、やっぱり哲学がカウンターパートにあってバランスを取っていないとうまくいかないような気がします。これまでいろいろな武道家を見てきましたが、兼業武道家というか、武道のほかに会社勤めをしたり、自営業をやっている人は、どこか狭いんです。なんて言うのかな、世界性をめざして稽古しているという感じがしない。稽古をすると組織マネジメントがうまくなるとか、営業成績が上がるとか、なんかそういう世俗的な成功を修行の「成果」にカウントして、それで結構満足してしまう。もちろん、それでもいいんですけどね。武道を稽古したせいで家内円満で、商売繁盛で、学業成就すれば、それはとてもいいことなんです。でも、それで武道修行の目的は尽くされない。もっと広がりのあるものだと思う。

稽古を十分に積んだので、身体がよく動いて、試合をやったらじゃんじゃん勝って、メダルとかトロフィーが応接間にたくさん並んでいる、というようなのが武道修行の目的だとはぼくには思えない。それは受験生が模試で高得点を取りましたとか、サラリーマンが会社でこれだけ出世しましたというのと本質的には同じことでしょう。今あるこの世界を前提にして、その中での成功失敗や勝敗優劣のことを考えている。

でも、武道はもっと本質的なものですよね。人間の心身のあり方、時間意識や空間認識、記憶や推論の仕方についての深い洞察がないと、ある程度以上進めない。それを真剣に追求していったら必ず哲学的になるはずなんですよ。でも、武道の修行は哲学に通じると言う人はあまりいないですね。

光岡　やはり個の固定化されていない価値観がどこかで築かれていかないと、武は成り立たないでしょう。「世の中は必ずこうなるはずだ」という思い込みと「相手は必ずこう来るはずだ」と言う想定は相似形で、それらを覆したときにどうするかが個として問われる。この問いに向かうには、固定観念化された価値観では歯がたたない。開いていく価値観がそこにないとどうにもならない。

実力はごまかせない

光岡　武術の世界がすごく自我的《エゴイスティック》になりがちなのは、限られた枠の中であっても、それなりの実力が示せないと成り立たないからです。それがかえってエゴを生むことになります。だからほかの体系やほかの流派との境界線を設けて、「うちの流派はこれ」という専門特許みたいな打ち出し方ができるわけで、そうやって自分の陣地を築ける。

王薌齋をすばらしいと思うのは、当時の中国武術界で自分の陣地なり山を築いている人たちに向かって、「ともかく持っているものを一度、テーブルの上にみんなで載せてみようよ。そうしたら、もう少し一緒に武の本質に近づけるじゃないか」と言ったからです。そうするとみんな嫌がるわけです。なぜかと言うと直感的には、「オレの築いた山はたいしたことがない」とわかっているからです。

王薌齋は、この技が通じるのか。この方法や術《すべ》は実際に使えるのかを検証しましょう、そのことにおいて妥協しなかった。その妥協のなさが継がれているのが韓家に残った意拳だと思います。

内田　ぼくも全部公開する方ですね。知っていることは全部テーブルの上に載せます。今の話と違うのは、「ぼくは弱いけど」ということを公言している点です。でも、ぼくの現在の力量がどの程度であろうと、そんなことは関係ないわけです。弱くても術理はわかる。自分にできないことについて「何ができないのか」「なぜできないのか」をかなり正確に指摘することだってできる。場合によっては「ぼくにできないこと」を人に教えることだってできる。大事なのは、今ぼくが知っていること、できることの遂行的な意味です。それが誰にどのようなものをもたらすことができるのか。それを考量したい。

ぼくはもともと心臓に疾患を抱えた虚弱児でしたから、身体能力が低い。そんな人間でもここまで来れた。それを考えると、合気道の潜在的な身体能力の開発方法が非常に優れていることは実感としてわかります。

教える側としても、学校体育ではひどい点数しか取ったことのない弟子たちが、稽古を積むことで劇的に身体能力を上げてゆく場面を何度も目撃しました。だから、学校時代の「運動神経が悪い」とか「身体能力が低い」というような数値的査定と、その人の蔵している深い潜在能力の間にはたいした相関がないことはよくわかります。その潜在能力がいつ、どんな仕方で発現してくるのか、それは予測できない。だから、気長に待つ。それがぼくの仕事です。


光岡　でも、内田先生がみんなに納得いくような身体の使い方や説明ができないと、誰も納得しないわけですよね。

だから内田先生に習いたいという人は、実際に見たり触れたりして実力のところに納得いくから続けるわけです。「ああ、やっぱりそうだったんだ」と共感する部分がなければ、多分、誰も続かないでしょう。

そういう意味で、メソッドというのはあくまでメソッドであって、そのメソッドと個人というのがある程度拮抗しないといけない。いくらメソッドが優れていても、教える人が何もできないんじゃしようがない。

内田　ぼくは「できない武道家」ですよ。でも、自分がやっている稽古のメソッドの優秀性は証明できる。ただ、それは「表へ出ろ」というようなかたちで証明するものじゃないと思います。ぼくが興味を持つのは、他者との優劣ではなくて、「昨日の自分」との経時変化ですから。ぼくの武道家としての業績は自分自身の、あるいは弟子たちの「あれほど低かった身体能力をここまで上げた」という事実以外にはないわけです。それは他人と比較するものじゃない。だから「オレとどっちが強いか比べてみよう」と言われても、ぼくにはぴんと来ないんです。それって、ぼくにとっては「オレとどっちが歌がうまいか比べてみよう」とか「オレとどっちが定期預金の残額が多いか比べてみよう」と言われているような感じなんです。そんなの、武道と関係ないじゃん、と思ってしまう。

光岡　教えるのは下手であっても、実力があればある程度のメソッドはついてきますよね。そういう実力者は疑いがない。要するに、実際にそれで生き抜いてきたということに対する疑いのなさがあって、自分のやっていることと感覚に狭間がない。冒頭に話したシラットのジム・イングラムなどがそうですね。

ハワイ先住民の学び方

内田　生きる力そのものが先天的に強いというサモアンとかハワイアンの話を前にうかがいましたね。何も稽古してなくても彼らがやたら強いのはどうしてなんですか？

光岡　そうですね。何もしないから強いんです。何かをやろうとすると疑いが生じますよね。そうすると意識が拡散して脆くなりますから、やはり自分に疑いのない人間の方が強いです。

たとえば自分を育ててくれた文化のアイデンティティとか自己のアイデンティティをちゃんと確保している人は意識が拡散しないから、ちょっと手強いですね。力の集中のさせ方とか、そういうことが自然にわかっていますから。

内田　なるほど。

光岡　意識の拡散と集中でおもしろいのは、原始的な火起こしなどが好例ですね。気持ちが拡散していると火は起こらない。ぴたっと上下と横の回転の三方向をちょうどいい按配《あんばい》で押さえて起こさないと、火は生じないんです。

だから文字をたくさん操れる現代人とか、情報も多く、社会性の強い人の方が自分に対する疑いを持っていて、意識が拡散していています。そうすると何かを行なうときに、テクニックやメソッドという回り道を辿っていかないといけなくなる。よく甲野（善紀）先生が話されることですが、あるアボリジニが三日間ぐらい助手席にいただけで車の運転の仕方を覚えたそうです。

内田　へえ。

光岡　ハワイアンも似ていて、西洋人が弦楽器をハワイに持って来たときに、瞬く間に覚えてしまった。西洋人からすれば不思議だったんです。野蛮人だと思っていた連中なのに、音符も知らないで弾けたから。

ハワイのギターをスラッキーと言いますが、音符なしで弾きます。口伝や体伝だけで弾き方が伝わっています。そういう学び方に戻していく方が実は体得は早いのですが、現代人は頭で学んでいる習慣、癖がついているせいで、習い覚えた癖を捨てることが怖いので手放せない「順序を追ってしか学べないんじゃないか」という思い込みがあるので、何かをぱっと見取って学べる自分というのを殺してしまっている。

でも、身体を使うことに戻っていくと、少しはそういう見取ってしまえる自分にアクセスできます。そうすることで徐々に「物事は思考によって学ばないといけない」という思い込みから抜けられるんじゃないかと思います。

現代社会に合わせて思考、つまり論理という線的な形式で学んでいくのも有効でしょうが、見取って学ばざるを得ない状況、いわばみんなをジャングルに放つようなことが必然性を伴う形で学ぶことがあってもいいでしょうね。

もちろん全部がそれだと効率の良くないところも出てくるから、三割ぐらい言語の関わる形で伝えて、あとは身体を動かして、感じとって、見取って、聞きとって、味わって、臭ってというふうに学んでいく。

ところで内田先生は能楽をされていますが、あれはどういう学び方をするのですか？

受信する力、能楽の学び

内田　能楽はほとんどの方は見所で見るだけですけれど、やはり実際にやってみる方がいいですね。自分の身体を通してやってみないとわからないことが多いです。

能の舞というのは、素人の眼には、三間四方の舞台をくるくる回って、手を挙げたり下げたりするだけにしか見えない。いったいそのどこに舞踊としての美があるのか。これは結構理屈をつけるのがむずかしいんです。たしかに、舞台を見ていると、はじめて見る人でも、上手な人と下手な人の違いはわかる。能楽をほとんど見たことのない人でも、名人のみごとな舞を見れば「何だか知らないけど、すごい」と感動することもあります。でも、いったい何に感動したのか、この人の動きは他の人とどこがどう違うのか。それを説明できる語彙もロジックも、ただ見ているだけではなかなかわかりません。

能の先生からはとにかく「格好をつけるな。うまく見せようと思うな。素直に、教わった通りに舞うように」とだけ言われました。言われるままに長く稽古してきて、十年目くらいに、ようやく舞というものが少しわかってきました。

能舞台で舞囃子の申し合わせ（リハーサル）をしているとき、地響きがするような地謡がしてきたときに、身体がそっちに引っ張られる感じがしたんです。囃子が始まると、今度は囃子の方に身体が引き寄せられる。音楽が干渉してくると、能舞台の空間そのものに粗密濃淡の差ができて、たわんで、無色透明の空間に模様ができてくるんです。その模様が舞の道順や動きを指示してくる。それまでは、ただ教わった通りに動いていたんですけれど、能舞台に音楽が響きわたると、空間そのものが道順を指示してくれる。「歩く」というよりも何かに引き寄せられるという感じに近い。ある意味、受動的な状態になっているわけです。能舞台そのものが「こういう動きをしなさい」ということを連続的に指示してくれるから、その通りに身体を動かしていれば良い。それが形になる。自我とか主体性とかいうものは能では「あるだけ邪魔」なんです。

光岡　能の始まりは絶対にそっちで、シャーマニックなものですよね。

内田　間違いなくそうですね。何かが降りてきて、シテはそれに取り憑かれるわけです。

光岡　有無を言わされず、そのようにその状況の中で動いてしまうことが舞になっていったのではないかと思います。能を作ったのは世阿弥《ぜあみ》*12ですか？

内田　世阿弥は能を完成させた人で、その先駆的なかたちの芸能はいろいろあったようです。猿楽というのが能楽の直前の芸能ですけれど、たぶん「猿楽」という以上、動物の身振りを真似た舞を源流とするのだと思います。『翁《おきな》』に「三番叟《そう》」という古い舞のかたちが残っていますけど、これはもうほとんど猿の真似ですね。きーきー叫んで、猿の動きを延々とやる。

光岡　昔だと遊びの一環ですよね。

内田　遊びであり、呪術であり、農耕儀礼であり、というようなものなんでしょうね。

光岡　猿楽、田楽までは庶民のものですが、能は武家のものですよね。

内田　どういう事情で武家に限定されるようになったのか、詳しい事情は知りませんけれど、武家の式楽になりました。能を武家が独占したので、庶民のために歌舞伎ができた。歌舞伎は能を通俗化したもので、能が禁止していることを逆にどんどん許した。眼を泳がせたり、肩をおおげさに動かしたり、直面の代わりに隈取りをしたり。

光岡　当時のカウンターカルチャーですね。

内田　まさにそうですね。だから、歌舞伎と能はきれいに裏表になっている。両方見た方がおもしろいです。能の『安宅《あたか》』と歌舞伎の『勧進帳』[*13]のように、同じ素材から取られているものもかなりあります。でも、まったく別物なんです。

光岡　能に感じることは、「狂気は大切だな」ということです。つまり狂っている世が平常とされるならば、そこでは狂者こそがまともですよね。世の中が狂っているのに、「この世は問題ない」と言っているならば、その世の中で狂っている人が、実はいちばん平常なわけです。

内田　そういう意味で、歌舞伎はきわめて近代的ですね。宗教性や呪術性が歌舞伎には感じられませんから。むしろ、能の過剰な宗教性や呪術性を嫌った人たちが、もっと人間くさい芸能がいいということで創り出したのが歌舞伎なんじゃないかな。歌舞伎には夫婦の愛情とか忠君や孝子についての現世的な倫理はありますけれど、宗教性は希薄ですから。

　それに対して、能は全編が呪術。出てくるのは怨みを残した死者ばかり。どれもこれも、いかにして死者を鎮魂供養するか。そういう話ばかりですからね。

光岡　でも、それはすごくリアルですよね。昨日の私も死んでいるわけですから。死んでいながら、まだこの世に痕跡を残しているものがあるとしたら、それは何か私がまだ名残惜しさを持っているところで、それを含む過去のすべてである死者を敬いつつ、自分を通じておさめていく。何かの力を借りて、過去の一切を含む私を打ち消していく。そういう意味では、本当に呪術的ですね。

内田　能の呪鎮は、独特の作劇法で行なわれるんです。ワキの旅の僧が日暮れどきに人気のない場所に辿り着くと、いわくありげな怪しげな人物（前シテ）が登場してきて、その場所の来歴（たいていそこで人が死んでいる）について説明する。その物語る様子がどうも変なので、僧が「あなたはなぜここにいて、立ち去らないのか」と聞くと、「実は私はここで非業の死を遂げた誰それの霊である」と言って、姿を消す。それで中入り。後ジテとして死者の霊が登場して、「私はこんなふうにして死にました」ということをワキの前で舞い謡いながら再現するのです。それで終わり。

能には解決がないんです。ハッピーエンドというのもない。幽霊悪鬼化け物の類《たぐい》が出てきて、「私はこんなふうに死にました（殺されました）」という話をする。あるいは『山姥《やまんば》』や『安達《あだち》が原《はら》』のように、化け物の奇々怪々な日常生活の一端をご紹介する。

興味深いのは、登場する幽霊や悪鬼の類がしばしば記憶を欠落させていることです。「あなた、一体いつからこんなことをしているんですか?」と聞くと、「いや、細かいところは、ちょっと覚えてないんだけど」とか「何か知らないけど、気づいたら山を駆けていて……それからずっと」。「誰かに恨みとかあるんですか?」と聞いても、「昔は何だか誰かを恨んでいたような気もするんだけど、最近はちょっと記憶が曖昧で」みたいな展開なんです。「安達原の鬼婆」だって、何で鬼婆になったのかの由来はもう本人にもわからない。ある日気がついたら人肉を食っていた。

光岡　そちらの方が想像は膨らみますよね。

内田　起承転結がないんですよ。「こんなことになっています」「ああ、そうですか」というやりとりがあったと思うと、ぱっと夜が明けて、姿がかき消えてしまっている。だから、鎮魂と言っても、精神分析の面談のようなもので、化け物が登場してきて、僧が「言いたいことがあれば、言ったら」と促すと、「じゃあ、話すけども」と言って話し始める。自分語りだから、内容は支離滅裂で、時系列も乱れている。でも、そこが逆にすごくリアルなんです。そういうものですよね。「実はこういう理由がありまして、それゆえこのようになりました」と理路整然と語られてしまうと、「ああそうですか」と聞き流してしまいそうな気がしますけど、何だかよくわからないものが、何だかよくわからないことを叫んで去った方がむしろ「救われないもの」の救われなさが切迫してくる。

光岡　それはおもしろいですね。

内田　今度初能で『土蜘蛛《つちぐも》』*14をやるのですが、土蜘蛛というのは葛城《かつらぎ》あたりにいた、大和朝廷にまつろわぬ土着の部族のことなんです。その恨みが残って、「君が代に障りをなさんと」という復讐の鬼となって、源頼光を襲うけれど、返り討ちに遭って殺される。

土蜘蛛と呼ばれていたのは小さな部族集団だったと思います。でも、その部族を滅ぼしたことがずっと為政者の側のトラウマになっていた。だから、その虐殺された人々の鎮魂のためにその曲をつくって繰り返し演じた。土蜘蛛族が滅ぼされたのは古墳時代ですから、それから室町時代まで千年以上、自分たちの先祖が殺してその土地を奪った土着民が朝廷に恨みを言う話を形を変えながらも延々と上演してきているわけです。

アメリカだったら、ネイティブ・アメリカンが、十七世紀ぐらいにやってきたイギリス人に大量に殺された話を恨みがましくするようなものですね。何の解決もカタルシスもない、何の教訓もない話をただ延々とする。でも、本当の鎮魂というのは、始原にあった不条理な出来事を不条理なまま再演してみせることじゃないかと思います。

普通は土蜘蛛的なシチュエーションだと、英雄が登場してきて、悪鬼たちが退治されたり、あるいは法力を持ったお坊さんが出てきて読経して、成仏させてしまうという話になるんでしょうけれど、そうではない。土蜘蛛は現実世界で殺され、霊魂になっても殺され、何の解決ももたらされない。たぶん土蜘蛛はまた出てくるんだろうな、という含みを持たせてとりあえず話は終わる。

光岡　以前、中国の水墨画と書の展覧会を見に行きました。西洋の書画とまったく違うなと感じたのが、可能性を残しているところです。裏側があるように山を描いておきながら、それを見せないようにしたり、ぽつんと人をひとりだけ画面の開けた空間に置いておく。見る側が山の裏、川の先の絵を自分の中でつくっていかないといけない。西洋画の場合は、あらゆることをはっきり明記して見せていきます。東洋では全部答えを出してしまわない。能の話を聞いてそういうことを想起しました。

内田　そうです。能はオープンエンドなんです。さまざまな解釈に開かれている。そこがいいところです。ですから、見るのもいいですが、能はやった方がいいですね。見るときの楽しみが何倍にもなりますから。武家の式楽だった頃は、謡と舞だけではなく、笛や小鼓もかなりの人たちが嗜《たしな》んでいた。たぶん武道的な身体運用と通じるところがあるとされたんでしょうね。

ぼくが最初に能を始めたのも武道の稽古として、という理由からでした。武道は戦国時代にだいたい体系化されたわけですけれど、だとするとベースになっているのは中世日本人の身体運用であるはずです。それは現代人の身体の使い方とずいぶん違う。それがわからないと武道の古流の形の意味はわからないのではないかと思って始めました。中世人の身体の使い方を今に伝えるものは何かなと思って、禅をやるか、茶の湯をやるか、能楽をやるか考えて、身体の使い方に焦点化しているということで能楽を選びました。

光岡　新陰流の柳生宗矩《むねのり》*15もかなり能楽にははまっていたみたいですね。

内田　だからでしょうね、『兵法家伝書』は能の比喩が多いです。宗矩は「あふ拍子」「あはぬ拍子」という言葉をよく使いますが、あれは謡と鼓のやりとりについて使う用語です。

ローカリティを超えて学ぶこと

光岡　新陰流の例で思うのは、「敵に随って転変して一重の手段をほどこすこと。恰《あたか》も風を見て帆を使い、兎を見て鷹を放つがごとし。懸《かか》るをもって懸ると為し、待《まち》をもって待と為すは常の事なり。懸《かかる》は懸にあらず。待は待にあらず。懸は意《こころまち》待にあり、待は意《こころかかる》懸にあり」という教えです。身体の自然な使い方は、その時その人にとってひとつだということです。ですから、自然な使い方にアクセスできる流れが流儀として成立する要だと思います。能もその人に合った身体性と普遍的な人間の身体に備わっている方向性とを、どちらも外さずに進めていけるだけの体系としてあったのではないでしょうか。

たとえば意拳の稽古ですと、ある段階では、身体構造の話もします。つまり目に見える有形有限の部分です。その身体構造は私という存在であり、私が生きている状態と密接に関係しています。でも私の生きている状態は見て取れないから、そこは誰とも共有できないところです。私個人の感覚を他者と共有しようとするようなものですから無理なわけです。

でも、知りたいのは普遍的でありながら共有されにくいところですよね。形や順序は簡単に伝えることができても、教えの目的はそこにはありません。形の内側にある普遍な要素に目を向けることでしか本当に知りたいことは学べないわけですから。そこを指し示せるかどうかが、ある流派や流儀を受け継いだり、創始する上で重要でしょう。武の教学がひとりよがりではなく、個の中にある本質へと向かっているかどうかが問われるところでもありますね。

内田　能は、たとえて言うと、外国語を学ぶような感覚ですね。ふだん現代日本語でしゃべっている人間が急に「外国語をやりなさい」と言われて、その外国語の中でしゃべって、自分を表現し、世界の成り立ちを理解する。そういうふうな感じでやらないと能の動きにならない。

　ぼくは十五年ぐらいやっていますので、ようやく能の言葉が片言くらいしゃべれるようになりました。片言でも能の言葉でしゃべっていると、生きている体感が現代日本語でしゃべっているときとは違ってくる。異なる周波数で周りの外界と通信しているし、自分の身体もふだんと全然違う文法で動いている。以前はひとつの言語しか知らなくて、その語彙やロジックの内部で世界を見て、「これが人間にとってナチュラルな身体運用だ」とか「これが誰にでも見えるありのままの世界だ」と思っていたけれども、ふたつの言語を行き来すると、立ち位置が変わると世界の見え方が一変するということです。

　今、光岡先生が「普遍性」について言われましたけれども、自分の見ている視座からは世界のあるアスペクトしか見えないという自覚が普遍性の基礎になるんだと思います。自分が経験している世界がローカルなものであるということがわかっていると、それとは違う別のローカルな立ち位置から世界を見るという機会につながる。それぞれの視座からは、ローカルな、偏見に満ちた世界像しか見えないけれど、それが複数集まれば、普遍性にアプローチすることができる。だから、ローカルな人がローカルなことを普遍的だと思い込んでいると……。

光岡　単なる独善になりますね。

内田　自分の視点はローカルなものに過ぎない、自分の言葉の使い方も身体の使い方も、特殊なものに過ぎなくて普遍性や一般性を要求できないということがわかれば、それだけ「それ以外の言葉」や「それ以外の身体」を使う可能性が広がってくる。ものが立体的に見えてくる。

光岡　武術の場合、ローカル故の甘さがあります。武術をローカルな条件設定から出した時に、その甘さが通じなくなるからおもしろいですよね。

よくあるのが、弟子には技は通じるけれど、赤の他人には通じないというヤツです。道場の中では、ヒエラルキーの中でやっているから成り立つけど、道場を一歩出たり、そのルールの枠を出ると通用しなくなる。その枠以外での行ないに実用性がどこまであるか。たとえば家庭での在り方や関わり方もそうです。ここは言い訳できないところですよね。

＊1　**合気道**　大東流合気柔術をはじめ多くの武術を学んだ植芝盛平によって創始された現代武道。合気会、養神館、日本合気道協会（富木流）など、いくつかの会派が存在する。

＊2　**上泉伊勢守**　戦国―安土桃山時代の剣術家。上野勢多郡上泉の人。箕輪城主長野業政につかえる。多くの戦功により、上野国一本槍と称された。愛洲陰流の刀槍術を学び、新陰流を開いた。長野氏滅亡後は諸国を巡り、柳生宗厳、宝蔵院胤栄らに技を伝えた。名は秀綱、信綱。

＊3　**柳生石舟斎**　戦国―安土桃山時代の剣術家。石舟斎は号、名は宗厳。大和添上郡小柳生郷の土豪。上泉伊勢守から新陰流を学び、印可を伝授され、柳生家における新陰流の大宗となる。徳川家康の招きで五男宗矩と共に無刀取りの妙技を披露。柳生家の新陰流は以後将軍家御流儀になる。

＊4　**多田宏**　一九二九年生。合気会師範（九段）。植芝盛平に師事し、イタリアをはじめ世界で指導。同時に中村天風の薫陶を受ける。東京吉祥寺の月窓寺を筆頭に傘下の指導道場は多田塾と呼ばれ、多くの門弟を集める。

＊5　**植芝盛平**　一八八三年生―一九六九年没。合気道創始者。武田惣角に大東流合気柔術を学ぶ。一九一九年大本教の出口王仁三郎に出会い、京都府綾部町に修行道場植芝塾を開く。後柳生新陰流や起倒流柔術等多くの武道の長所をとりいれ、合気武道を創始。一九四四年合気道と改称した。

＊6　**山口幸夫**　一九三七年新潟県生まれ。一九六五年、東京大学数物系大学院修了。物性物理学専攻。工学博士。米ノースウェスタン大学、東京大学を経て、現在は原子力資料情報室共同代表。

＊7　**石油ショック**　アラブ産油国の原油生産削減と価格の大幅引き上げが、石油を主なエネルギー資源とする先進工業諸国に与えた深刻な経済的混乱のこと。第一次は一九七三年、第二次は一

九七九年。石油危機とも。

＊8　**文化大革命**　一九六六―一九六九年に中華人民共和国で毛沢東自身が主導し、直接紅衛兵と大衆を動員して行なわれた政治闘争。多くの知識人が投獄・殺害され、武術家も弾圧された。文闘は武闘に発展、一般にも多くの死者を出してその後の中国社会に深刻な傷を残す。

＊9　**二十四式**　略式化された健康体操的な太極拳。

＊10　**エマニュエル・レヴィナス**　一九〇六年生。リトアニア出身のフランスのユダヤ系哲学者。東方イスラエル師範学校校長。パリ大学教授。現象学とハイデガーとをフランスに紹介。第二次世界大戦中を捕虜収容所で過ごす。西洋形而上学の存在論に対し、〈他者〉の考察を中心とする倫理学を主張。主著に『実存から実存者へ』『全体性と無限』『困難な自由』等。一九九五年没。

＊11　**王薌齋**　一八八六年生―一九六三年没。幼少より形意拳の名人である郭雲深より教えを受ける。郭雲深没後二十余年の拳理研究の後、意拳を創始、実戦家として名を馳せ、国手（国を代表する名人）と呼ばれた。意拳を拳学という学問へと昇華させた後、養生法としての意拳の研究、指導に力を注いだ。

＊12　**世阿弥**　南北朝―室町時代の能役者、能作者。観阿弥の長男。将軍足利義満の後援で猿楽を「夢幻能」と呼ばれる幽玄な能に大成。能楽論に『風姿花伝』『花鏡』がある。観世座大夫継承をめぐり将軍足利義教の怒りに触れ、七十二歳で佐渡に流罪となった。

＊13　**『勧進帳』**　能の『安宅』を、長唄を地として歌舞伎化したもの。富樫左衛門の守る加賀国安宅の関を、東大寺勧進の山伏に身をやつした源義経主従が弁慶の知略と機転で通過する。

＊14 **『土蜘蛛』** 土蜘蛛とは、大和朝廷に服属しない未開の土着民の意で、記紀や「風土記」での呼称。この古代史的題材と、中世の頼光武勇伝説・名剣説話（『平家物語』剣の巻）とが結びついて生まれた能である。

＊15 **柳生宗矩** 江戸時代前期の剣術家、大名。柳生宗厳の五男。新陰流の技を認められて徳川家康につかえる。二代将軍秀忠、三代将軍家光の兵法師範となる。

第三章　達人はフレームワークを信じない

武術は想定内のフレームをつくると後れをとる

光岡　私の知人で、何度か私の稽古場にも来ていただき講習をしてもらったアメリカ在住の武術家にバーニー・ラウ[*1]さんという人がいます。彼は高校を卒業と共に海軍の潜水艦部隊に入り八年間いて、退役後はシアトル市警で警察官となり武術的にかなり貴重な実践経験を積まれていた、なかなかの実力者です。

フランス生まれのハワイ育ちで、ティーン・エイジャーの頃から合気道や他の武道をバーニーは稽古していました。

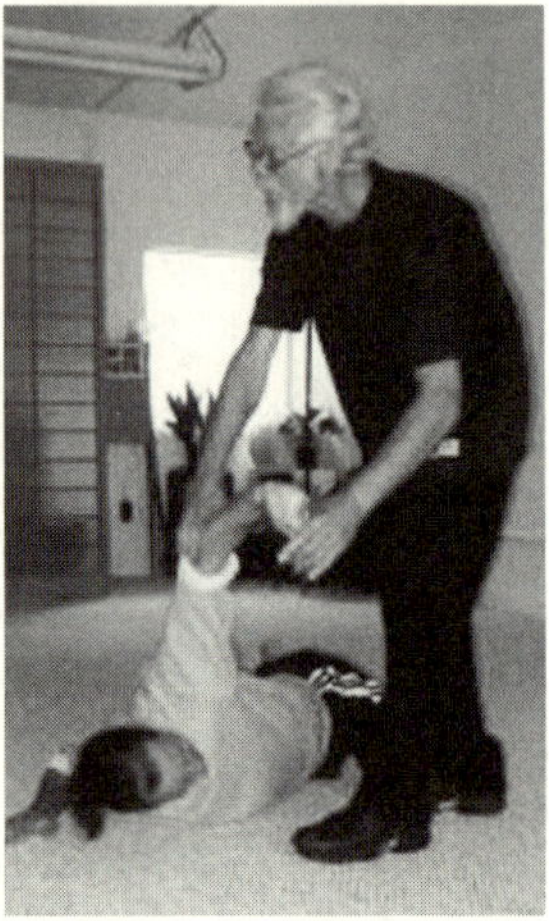
バーニー・ラウ

彼がシアトル市警に勤務し始めた頃新米警察官のバーニーがパートナーとふたり、車でパトロール中にランバージャック（木こり）がケンカをしている現場に遭遇するのですが、バーニーはケンカしていたランバージャックを取り押さえようと長年修行してきた合気道を使うべく三教[*2]をかけたら「ヒデ、どうなったかわかる?」と私に聞くんですよ、そこでバーニーは私に向かって「奴は三教のまま私を持ち上げたんだよ!」と（笑）。結局それを見ていたパートナーがタックルし、ふたりがかりで足や胴にしがみつき引きずり倒した。パートナーは顔に大怪我を負い、バーニーも負傷するといった痛い経験となったそうです。彼は、その時から合気道を改編し、警察官が現場で使える独自の技術体系を作っていくことを心に決め、思想的な「道」を捨て実用的な「術」を中心とするイチョウ流合気術を創始しました。

その後も彼はこれ以外にも様々な経験を現場で積み、独自の体系を確立していきましたが、なかには日常ばなれしたリアリティに満ちたエピソードが幾つもあって今でもよく覚えています。

隣にいたパートナーがショットガンで頭を吹っ飛ばされるなどギリギリの体験をしたりとか、黒人のラリった巨漢が目の前に来たときメイス（目潰しスプレー）が効かず即素手にて対応しなければならなかったり、チャイニーズ・ギャング（中華系マフィア）を取締まったりしました。最後の大きな仕事は、ヘルズ・エンジェルスに潜り込んでの麻薬密輸の囮《おとり》捜査でした。

内田　アンダーカバーというやつですね。

光岡　そうです。囮捜査では、相手の信頼を得るためにドラッグにもある程度つき合わないと

バーニー・ラウと交流したハワイ時代の光岡

いけない。まるで映画みたいですが、バーニーによると、そういうアンダーカバーを長年やっていると、自分が警察官なのか、犯罪者なのかわからなくなってくるそうですよ。そういうギリギリの状況にずっと身を置いていた人です。彼はそういう経験の中で実際にどこまで技が使えるかというところだけに着目して合気道をイチョウ流合気術と称し、自分のものにしていきました。

バーニーにハワイの私の稽古場で講習会をしていただいたことがあります。ちなみに私の道場では、ふだんから生徒たちに「拳銃などもありで考えて」と言ってましたが、本当に持って来てくれたのは彼ぐらいでした（笑）。

講習会で彼は道着姿で道場生の前に立って「好きな武器でそこからかかってきなさい」と言った。そこで道場生のひとりが木刀を持って彼の前に立ち、パッと打ちかかろうとしたら、バーニーは懐から拳銃を抜いてすかさず引き金を引いた。バーンと発砲音が道場内に響いた。実は空砲だったんですが、そこでバーニーは言うわけです。「これが私の経験した現実だ」と。

内田　（笑）。いや、それはおもしろいですね。多田先生からこんな話をうかがったことがあります。古武術大会があったとき、その控え室で「あなたの流派では、手をこう取られたときはどうするんですか」と尋ねた人がいた。訊かれた人が「では、やってみせますから、ちょっと私の手を取ってください」と差し出したら、ぽきんと小指を折られた。

多田先生は「これは折られた方が悪い」と言ってお話を終えてしまったのですが、これは要するにフレームワークの問題ではないかと思います。さっきのバーニーさんのお話も「何でもいいからかかって来い」と言うけれど、「警官だといったところで、先生が呼んできた講師だから、きっと実戦的な合気道の技を教えてくれるんだろう」という「枠組み」の想定がかかっていった方にあったわけですよね。古武道大会の控え室でも、演武者同士の親しげな会話だから「この程度のことしかないだろう」という予測があった。よく知らない人間を「たぶんこの程度の人間だろう」というふうに自分の予測のフレームの中に押し込めて、その上で行動していた。多田先生はその軽率を諫《いさ》めたのだと思います。たしかに、本来の武道はそういうものではない。予測のフレームをつくっちゃいけないんですから。武道に「想定外」という言い訳は成り立ちませんから。

光岡　それに少し似ているなと思う話があります。擒拿《きんな》という関節技の流儀が中国にありまして、それを学んでいる人がある日、韓競辰先生のもとに来て、「実際に胸ぐらをつかまれたときは、擒拿ではこういう（小手返しみたいな）技を使うが、韓氏意拳ではどうするのか？」と聞いてきた。そこで「どこでもいいからつかんでみろ」と韓先生は言って、相手が手をつかんできたら、韓先生はもう一方の空いている方の手でボンッと打って終わり。それで「こうする」とひと言告げました。

内田　その通りですね。「期待の地平」の中でしか人間はものを考えないけれど、「せいぜいこの程度だろう」という予測で動くのは、晴天型スキームに慣れた人間の陥るピットフォールです。

光岡　期待の地平と言われましたが、要は「こういう時はどうするんですか？」を翻訳すれば、「私の言うことをわかってください」ということですよね。

でも武道は「別にあんたのことをわからなくても、こっちの筋が通ればいい」という世界なわけです。そういう独善性がある中で、それでも自分も相手もどちらも成り立つように持っていけるかが、武の要諦でもあるわけです。これは単なる譲り合いでは生まれません。

内田　やっぱり、勝手に相手の選択肢を「この範囲内」だと想定して、ぱこんと殴られる人というのは、武道家としてはちょっと甘いですね。

光岡　韓氏意拳では相手を持つ技やつかむことをしないのは、本来ならそのような間合いは既に事が終わっている制空圏であり、何かに対して何かに応じるような事ができないはずの距離です。そのような距離での〝何かに対して何かする〟などの遊びが生じえる技の稽古は武術としての実践性が欠けてると言えます。制空圏内だから接触はありますが、そこでわざわざ相手を持ったり、つかむということはない。

カリにおいても持たれて粘ったり、頑張ったりするような対応はないんです。やってみればわかりますが、そういった状態は、ナイフ一本手にするだけで帳消しになります。さらに互いにナイフを持つとわかるのは、条件が五分になることです。要するに力で粘ったり、踏ん張ったりしようが、刺されてしまったらしようがない。一瞬で終わるわけですから、体格も腕力も男女の差もあまりなくなります。そういう意味でリアリズムがあります。

これまで私がカリやシラットだとか様々な武術を通じて見ようとしてきた方向性と韓氏意拳がぴたっと合わさったような気がしたのは、韓氏意拳の体系が素手でそのリアリズムを実践していたからです。触れると終わるという世界が素手であったのです。

でも、これが徒手の武術で難しいのは、なまじ力で頑張れてしまうという、素手ゆえの甘さが生じることで、刃物のような、力でなんともできないという必然性が生じにくい。必然性がない中での素手の稽古はとても難しい。

自分のわがままの通用しない状況がスタート

光岡　意拳は平歩と言って足を揃えて肩幅で立つところから稽古を始めますが、この姿勢は頑張れないし、踏ん張れません。内田先生と私が相撲を取ったとします。足を前後にし、後足は地面を突っ張って支え、前足は体重を乗せた方が互いに相手を支えやすい。これは単純な力学で地面と私の身体、私と内田先生の身体という二点間の支点、力点を利用しています。

生きるということは生命力という絶え間ない働きがあってのことですが、だとすれば人間が生きていることというのは、そんな単純な力学に還元できないものですよね。

平歩とは、自分の前後に対していちばんごまかしが利かない状態です。ここから私が手を挙げていくときに、前に立った相手が押さえようとしたら、単純に力で挙げようとしても無理です。要するに、自分のわがままの通用しない状況がスタートにあるわけです。このごまかせないところに自分を持っていくことが、武のリアリティとも関係しているわけです。

しっかりと自分の身体を固定した上で、「こうすればこういう力が働く」といった自分のつくった想定が常に覆されていかないといけない。なぜなら実践という実際の出来事は、自分の想定が覆されるようなところにしかないからです。

それを自然と言ってもいいでしょう。たとえば私たちが知るかぎり世の中に止まっているものがひとつでも存在するでしょうか？ すべては無常、流転し、世界は常に変化しています。ということは、ある概念に従って身体を動かし、固定的な支点をつくって動くということは、常に変化しているはずの世界にありもしない固定された状態を持ち込むということですから、きわめて不自然な行為ですね。

内田　なるほど。

光岡　世界は無常流転していますが、ある像《かたち》を保って常に安定していることも嘘ではありません。私たちの身体は細胞や分子レベルを取っても常に変化していますが、だからと言って散りにばらけてしまわないところを見ると、ある形状を保とうという働きがあるのも事実です。

変化と安定は一見すると矛盾するようですが、これは人間の認識や理解の上では矛盾しても自然界では常に成立しています。人間から見て整合性がないように見えたところで、「そうだからそう」といった具合に自然は非の打ち所なく成り立っています。だからこそ常に自ずから然り、働いていて、疑いなく、そうだからそうなっていると言えます。

内田　でも、光岡先生に前に立たれて手を取られると、緊張して、「こうすればいいかな」とか考えてしまいますね。

光岡　そこで自分自身の全体のつながりを見る必要があります。その状態、もしくは現象を意拳では整体と言います。変化し続けながら全体が整いつつあるという自然の働きを表した言葉です。過緊張はそうした自然の働きとは真逆の、固定した状態や滞りが生じた、変化を留めてしまう状態です。

緊張に対してよく言われるのがリラックスや脱力ですが、これもあまり良くない状態です。なぜならリラックスや脱力には生き生きとした生命の働きがありません。身体が生きようとする気持ちを放棄することだからです。この場合は、自分の身体の生きようとする働きを怠っているに過ぎません。自分の身体や生命に対する甘えと怠慢です。緊張でもリラックスでもない。気持ちを開放して、伸びやかに行なう。中国語では舒展《シュージャン》と言いますが、そのような状態や気持ちで身体を動かします。自分の身体をある考えに基づいて動かすのではなく、どうなるかわからないけれど伸び伸びと動いてみる。

力を入れる必要はありませんし、抜く必要もない。王薌齋は「不用力不費脳」と言いました。力を用いる必要もなければ、特に動きや身体について考える必要もない。

緊張して力を用いる習慣は、ここのここで生きていることに対してまじめに注目するより、これから行なうことや行なおうとしていることに対してまじめになり過ぎてしまうからです。つまり今ここで生きていることよりも、これから先にある目的や目標の方が重要になっているからですが、今ここで生きつつあることを捨ててまで目的や目標に向かうことなど本当はできないはずです。武術で言いますと「今は斬られて死んでも次の一手で何とかしよう」と言っていることに等しい訳ですから。

そこで站椿《たんとう》*3で一番最初に行なう挙式において、ただ手を挙げていく一瞬一瞬の中でどんな感じがするるか。どのような状態が生じるか。そこに注目します。もしも力を入れるならば、五カ所だけ入れてもいいですよとたまに言います。それは手足の爪の先と、髪の毛の先（笑）。

続けて韓氏意拳がなぜ平歩の状態で手を取って行なう「手把手《ショーバーショー》」という稽古を始めるのかについてさらに話しますと、これ以上自分が半歩でも出たら何かが起きるし、向こうもこれ以上、迫って来たら何か起こる。その鍔迫り合いのところで、「さあ、どうするか」を問うのが武だからです。相手に攻め込み過ぎてもいけない。逃げ腰や引け腰にならず、それでいて居着いてもいけない。そういうことが初っ端から問われるのが韓氏意拳の稽古です。それがすべて平歩の稽古に表れています。

いずれにせよ、シミュレーションが通用しないことが前提になっています。たとえば、（光岡、ボールペンを手に持って内田の前に差し出し）今私の持っているペンがいつ落ちるかわかりますか？

内田　わかりません。

光岡　わからないというのは、いちばんいい答えかもしれません。とりあえず私にもわかりません。でも知りたいですよね。では、シミュレーションをどれだけ立てたらペンがいつ落下するかわかるか。考えてもわからない。でも、この落ちる時が相手の突いてくる拳であったり斬ってくる剣であったりするわけです。これがいつか知りたいわけですが、考えてもわからないし、予測してもわからない。

とりあえずわかるのは、あれこれ考えるよりは、その場にいない方がいい。斬られるよりは斬られない方がいい。

内田　その通りです。

光岡　その瞬間をどう捕らえるかなんですよね。でも、焦って動けば斬られる。遅くても斬られる。「ああ、あの時、あいつが遅刻しなければ焦ることもなかったのに」と佐々木小次郎は宮本武蔵に対して言えないわけです。「あの時、あいつの木刀があんなに長いとわかっていたら、こっちももっと長い刀を用意したのに」とも言えない。その瞬間にはそれしかないわけですから。

だからシミュレーションというのは、「繰り返しが利く、再現性がある」という前提があってのみ成り立つことなんです。何かをシミュレートするというのはあるパターンを設けて、その中にうまくはまると「たしかにそのパターン通りになりますよね」という期待を基に思考することであって、それがその通りになるならいいんですけどね。「自分の思う通りになって欲しい」という人の心情はわかりますから。

でも、武の基本は、相手の一番嫌がるところを攻めることです。つまり相手は此方の予測パターンを外した攻撃で自分が一番予測できてなかった嫌なところを攻めて来るということです。空気を読まないで、「え？　今ここでそれをする？」というような攻めだったりするわけです。そこを突かれたときに、私たちがどうあるかが問われてきます。

武は時の外にある

内田　最終的に武の問題は時間の問題に行き着くわけですね。今出されたペンの落下にしても、一秒前に起きることがわかっていたら問題にならない。

光岡　実は武に時間は存在しません。武の本質は時の外にあります。だからこそ機と位と間が重要になってきます。

機をだいたいは「タイミング」と訳してしまいますが、そうじゃない。タイミングだと時間の内にあります。

機が時の外にあるとは、どういうことかと言えば、「それ以外にない」ということです。先も後もない。だからタイミングのように「合わせる」ものではない。

内田　なるほど。では、位というのは、どういうことでしょうか？　よく「位を取る」という言い方をしますよね。

光岡　「〝その時〟に〝そこにいる〟」ことが位を取るという意味です。だから、自分の中の位もあれば、そこから生じて対象との関係性で生まれる位もあります。位が位置と違うのは、位は流動的であるということで、決して固定的ではありません。

たとえば、地球と月の関係性はある法則で成り立っていますが、ひとときも同じ位置になく随時関係は変わっています。それが位です。その位にいるということが、機でもあるし、間でもある。これが今の段階での時の外に関する私の理解です。

内田　間というのは、空間的な「ディスタンス」という意味ですか？　それともいわゆる時間的な〝あいだ〟ですか？

光岡　どちらでもありません。なぜなら時間がないからです。私たちがディスタンスと言ったとき、無意識のうちにある区切りを設けていると思います。始まりと終わりみたいな位置を自動的に設けています。

でも、始まりと終わりがもたらす〝あいだ〟を先ほど言った位に置き直すと矛盾が生じます。なぜなら位は常に流動的なので、決して始まりと終わりといった固定的な位置を設けられないからです。

距離や時間といった概念で間を測定すると、たちまちそれは思考によって対象化されてできた概念になり、〝その時〟に〝そこにいる〟現実とは関係なくなります。

ですが、武で一番問われるべきは「まさにこの瞬間」です。それは対象化できない、繰り返しの利かない、「もしも」が通じない一回性のところにあります。

対象化の問題は、あらゆる物事が客観的に存在する絶対的な現実かのように見えてしまうことです。そういうふうに対象として見える現象はあります。論理学も哲学も対象化して、客観的事象を描き出そうとします。

しかしそこで忘れられているのは、そうして見ている自分自身も現象であり、生命の事象であることです。そこを捉えていないことが哲学や論理学が抱えている矛盾です。自身も生きているひとつの生命現象です。生命を失った固形物ではなく、ひとつの生命の働きであり、過程です。私たちが見ている対象が現象ではなく、私たち自身が現象です。

武は現実の話だから、対象化というような二元化ができない前提で話を進めていかないといけません。

内田　うーん、難しいなあ。時と間は違うのですか？

光岡　もちろん違います。間は、仏教で言うと空にあたるでしょうね。「色即是空」の空。そうすると機は刹那あるいは当下《とうか》になるでしょうか。機と間と位というのは、三つの概念ではなく、ひとつのことを違う方向からとらえています。

「もしも」を一切排除して、そこにあり得ること。もしもというシミュレーションを取り除いていかないと、現実は見えてこないと思います。

ただし、いきなり「もしも」を外すのは難しいから、シミュレートしているものを借りることがあってもいいと思います。

機、間、位と言ったところで、言語というシミュレーションを借りているわけです。バーチャルな言語を借りて、そうじゃないものを何とか表そうとしているわけです。私たちの見たままの世界とは違う、もっと現実に近い世界を表そうとしているわけです。

内田　なるほど。

光岡　おそらく言語によって言語で表せない何かを表すには、三つ以上の概念が必要です。自然を無とします。無とは存在しないという意味ではなく、対象化できないという意味での無です。それは神やお天道様といった普遍的な存在です。その無から、無中生有。つまり無から有が生じた。有とは一です。

一とは「これ」であったり、私というような個の存在です。私が存在しないと私が見ている世界は存在しません。私が存在しないと私にとっての世界は存在しない。私の存在ありきではあっても、私が私を生んだわけではない。私の前提に無という、すべてをつくり出した何かがない限り、私はここに存在しません。だから、私という個は私より大きな何かから生じた。普遍性の中の一部でもあるという事実があります。

私の存在というものが、人間で言う赤ちゃんのときには、まだ言語を話せません。自分の子どもの成長を見ていて気づいたのですが、言語をまだしゃべれないときは、子どもは主観と客観が分かれていません。言語が発達してくる一歳半くらいからどうも主客の分離が起き始めるようです。こうなると二元的な世界、つまり思考で物事を論理立てていく二の世界に入ります。

この思考でできたバーチャルな世界である二から一というリアルな世界に戻るには、三を経由する必要があります。二の世界は自分からあちらを見ている、つまり対象化の世界ですが、三は対象化して分割された世界を包括的にとらえることができます。「本当は分かれていないよ」ということを知るためには、自他を包む三の存在が必要なんです。

老子がおもしろいのは数の概念に三までしかないところです。無から一が生じ、一から二が生じ、二から三が生じた。そこから先は万物で、つまりは「たくさん」なんですよね。

内田 難しい話ですね。ただ時間について言えば、脳科学でも時間意識がどうやって生成してくるのかはまだわかっていない。脳内では時間を行ったり来たりできますよね。「邯鄲《かんたん》の夢」じゃないけれど、実感としての時間は伸縮自在で、わずか数秒間で数十年分ぐらいの実感としての時間を過ごすこともできる。もう過ぎてしまったことを「まだ来てない」と思うこともできるし、まだ来てないことを「もう過ぎた」と思ったりすることもできる。

光岡 今のお話は、まさに時間というものが実在しない証拠ですよね。

内田 客観的実体としての時間、万人にとって共通の時間というのはもちろんありません。赤ちゃんにとっての一時間と、臨終直前の老人の一時間では主観的な長さはまったく違う。時間というのは、自分の一生という文脈の中で形成されるものですから。どういう生き方をしてきたか、今しているかによって、まったく厚みも長さも奥行きも違う。ぼくは武道というのは最終的には自在に「時間をいじる」技術に行き着くんじゃないかなと思っているんです。

人間は、たぶん生活の便宜上から、「時間は過去から未来に向かって等速で流れている」という人工的な時間意識を採用している。そういう時間意識を共有できているから、社会生活が営めているわけですけれど、それが大きな縛りにもなっている。だから、もう過ぎてしまって、取り返しがつかないことを「あんなこと、しなければよかった」といつまでも悔やんでみたり、まだ起きていない予測不能の未来について「こんなことが起きたらどうしよう」と取り越し苦労をしたりする。取り越し苦労する人は「想定内」の未来に縛りつけられてしまうわけですから、いかなる想定外の事態が起きても、不意を突かれてしまって、対応できない。

「先手を取る」とか「後手に回る」といった表現も、相対的な対立関係の中で時間を先取りしようとする競争から生まれる行為を指しますけれど、これも実は今向かい合っている両者の間でバーチャルな時間意識が共有されているという前提で話をしている。いずれも出来合いの時間というありえないものを想定して、それに釘付けにされていることで、可能性を自分の手で閉じている。そういう「共有される時間」という制約条件からどうやって自分を解き放つか、それがぼくにとってはかなり優先順位の高い武道的課題なんです。

無時間という領域

光岡　ハワイアンとかああいう時間を持たない人たちと生活していると、時間が消えるんですよね。外在的な時間など存在しないというのが現実で、私たちが自分の中で時間を構築していることがよくわかります。

　時間は基本的に過去・現在・未来が具現化してでき上がるものです。たくさんの過去とたくさんの未来を現在から追っていくだけで、それを秒なり時間、月や年といった概念で割って展開していきます。そういう行為でできあがった時間が共有された概念であることをなぜか人はあまり疑わないんですよね。

内田　言語と時間は根は同じものですね。

光岡　はい、そうですね。

内田　言語というのは時間の中で音の順列として生じている。ある単語の音を聞いている人は、実際にはもう消えた音をまだ聞いていて、まだ聞こえない音を先取りして聞いている。ぼくが「ぼくが」という単語を口にするとき、「く」と言ったときには「ぼ」はもう聞こえないはずですし、「が」はまだ聞こえていない。でもぼくたちは「ぼくが」という音のかたまりがまるでごろんと実体的に存在するかのように思ってその言葉を使っている。言語は時間的現象なんですけれど、言葉の意味について話しているときにぼくたちは言語をまるで無時間的な現象であるかのように扱っている。

物を考えるというのも同じですね。フランス語では「考える」というのを「se dire（自分に向かって語る）」と言いますけれど、その通りで、思考するというのは、もう聞こえてない言語音を聞いて、まだ聞こえてない言語音を先取りしているからできることです。an idea というふうに「思考」に冠詞がつくと、まるで思考というのはパンとか鉛筆のように一個二個と数えられるモノのように思えるけれど、実際には流れであって、時間の中に後も先もなく無限に広がっている現象なわけですよね。

光岡　私の中で思うことと考えることはすごく明白に分かれていて、考えているときには文字がなく、感覚が形を得ようとしています。けれども思っているときは、風景や状況に属する言葉から文字が浮上してきます。感覚の方から自然と何かが言語化されていく。

内田　モーツァルトは、一瞬のうちに交響曲の全曲が頭に浮かんで、後はただそれを楽譜に転写していくだけだったそうです。たしかに一瞬のうちに二十五分間の長さの曲が構想されているけれど、それを楽譜に転写するためには時間がいる。頭に浮かんだ曲想がどんなものであるかを他人に示すためには演奏という時間的な現象にそれを展開しなければならない。そう思うと、モーツァルトのある交響曲の「長さ」は演奏に要する二十五分で数えるべきか、モーツァルトの脳裏に浮かんだ一瞬で数えるべきなのか、誰にも決定できない。

それと似たことですけれど、学者にも「アカデミック・ハイ」という現象があって、研究論文を書いている最中に、一瞬今書いている論文の最後まで全部「見える」ということがあります。これからこういう論証をして、この文献を引用して、最後にこういう結論になるというところまで全部見通せる。「おお、見えた！」と思って、メモをしようとするけれど一瞬の映像ですから、手が追いつかない。そのヴィジョンはすぐに消えてしまうんですけれど、自分はこの論文を書き上げたということについては身体的な確信があるわけです。言わば論文を全部書いた紙が丸められた状態で頭の中にぽんと入っている。後のぼくの仕事はそれを広げるだけなんです。それだけでも何カ月かかかるけれど、もう論文は既に書かれている。

光岡　よく忘れませんね。私には無理だな（笑）。

内田　それが不思議ですね。そういうときの思考は、今しゃべっているのと同じ速度で展開しているわけじゃない。それよりはるかに速いというのでもない。速いとか遅いとかいう相対的な量的差異を超えた種類の時間の流れなんです。
　多分、どんなものであっても、イノベーティブな思考というのは、瞬間的にと言うか、むしろ無時間的に一挙に与えられたもののような気がします。でも、それを人に、あるいは自分に伝えようと思うと、かなり長い時間をかけて展開しなきゃいけない。自然というのもおそらく無時間的な現象ですね。
光岡　自然は、たぶん無時間でしょう。しかし、人が解釈した自然は人間の干渉があるので時間が編成されていると思います。時間で編成された自然は人にとっては現実的であり、自分の体験知、経験知から見て「これが現実だ」と言える範囲のことを中心に何が現実かを定めようとするわけです。加えて社会性や共通認識が現実の形を決めますよね。要は私と内田先生にとっての現実は「こういうものですよね」という客観的共通認識の中で築かれていくから、ここは時間的干渉を逃れられないと思います。自然というのは自ずと然りと言うくらいですから、それはそれとしてある。つまり時間の本となる無時間の世界は時間の干渉がありえない言葉などが発生する前提としてもあるわけです。
内田　無時間は「時間というメジャー」では測れない。でも、その時間では計測できないところから出来事が立ち上がってくる。ぼくは武道の用語で言う「機」というのはその無時間のことではないかと思っています。展開していくと何十時間も要するようなものが、無時間的に一挙に与えられる。そういう現象のことを言うのではないでしょうか。

光岡　機を捕らえるというのは、おそらく半分は運であり天命にかかっていると思います。天命によってその人の立ち位置やあり方が決まり、そこで機が定められる。だから、「もしも」という設定された時間のうちの事柄では干渉できません。

内田　機は原因と結果といった因果関係の系列にはないということですね。

光岡　そういう線上の因果関係にはありません。

内田　では、「機が熟す」とはなんでしょうか？

光岡　それは時間的なものではないと思います。たとえば、私たちが生まれてくる日を自身では決められません。つまり、そのときしかない。それ以外ないわけです。でも、個のレベルで物事を振り返ると、線上の出来事に見えてくるわけです。

内田　振り返って、事後的に因果関係を見いだしたというか、作りだしたときに「この出来事の原因は○年○月○日に生じたこのことである」ということが言えるわけですね。

光岡　はい。そうやって現在の自分をもって過去に向けて線を引いていくわけですが、実際は多元的に物事が変化していく中の、私のいちばん見やすいところが一本の線として見えているに過ぎないのです。到底、私の認識できない膨大なことが干渉して、私が生まれてくるという事実が成立しているわけです。

そういう意味で、たしかに機というのは線上ではないところでの、「あの時があった」と言えるような事実としては存在すると思います。だからこそ、そこで位というものが関係してきます。

位は、線上を振り返って見えてくる「あの時」にはありません。ここにしかない。流れ行く「今ここ」というところにしかない。でもその「今ここ」すら、認識した途端、「今ここ」じゃなくなる。

そういうところから「今ここ」をどう読み解いていくか。意拳の場合はそれが稽古の中心になっています。それは自分の位を理解するということです。今ここにいる私がどういう構造をしており、どういう感覚を伴っているのか。それらが歪んでいたら、私の見ている世界が歪みます。外を見ている私自身が整った状態にあるかどうかがまず問われる。それが稽古の第一歩です。

個の在り方とその個の在り方が成り立っているところに世の中がある。そういう見方に立つと、私の存在とは、ひとりよがりでは成立しないことがわかってきます。それが理屈ではなく、身体でわかってくるところが稽古のおもしろさです。理屈だけだとリアリティが足りないから、いつまで経っても自信が持てない。そう考えると、現代武道は社会のシミュレーション化の高まりに即して、どんどん脳化して、身体から離れていき、だから必然的なリアリティが問われなくなったこともわかります。

随所に主となれば立処皆真なり

光岡　想定内の対応なら凡人でもできます。想定外のことがばっと出てきたときに、ふさわしい判断ができるように普段から自分を磨いておく。そこにおそらく武の存在意義があるのだと思います。荒天でもそれが普通の状態と言えるような心で状況に応じられるかどうか。

内田　その通りだと思います。想定外におまえは備えているかと言われると、ぼくもちょっと困ります。今は道場という閉じられた専用の空間で教えられるんですけれど、以前、公共施設の柔道場を借りていたときは、別の団体が横でヒップホップダンスの練習をしていたりする。そういうオープンスペースで教える場合では「結界」を張って「ここからここまではうちの領域」みたいな空間をつくらないと指導できないんです。

同じように、門人以外の人に合気道を指導するとき、特に予備知識のない人たちの前でやるのはきついですね。まず「自分が主宰できる場を作る」というところから始めないといけないんですけれど、これは条件が整っていないと、かなりむずかしいですね。

光岡　でも、状況に合わせられないといけませんよね。

内田　臨機応変でなければいけないのですが、長く自分の道場を主宰していて、弟子たちから「先生、先生」と言われて、一声出すとみんながしんと静まってくれるという環境で稽古していると、誰もぼくに対して遠慮しない場で、いきなり場を仕切るというような踏ん張りがきかなくなってしまう。

光岡　自分のパターンができると新しい世界に出にくいですよね。たとえ好ましくない相手がいても、黙って向こうから味方についてくれるぐらいじゃないとダメですよね。

内田　自分の道場で門弟たちと稽古しているのは、本当に楽ですね。痛感します。

光岡　自分の陣地は安心できるし、心地いいですからね。でも、どうしたらいいかわからないときに、その状況に合わせながら自分も保ちつつ、向こうも保たれるようにすると、どっちも心地いいんですよね。

状況が一変したら、そこにぱっと合わせられるか否か。そのあたりが武として問われるかなと思います。そこはいちばん読めないところですがいちばんおもしろいところでもあります。
内田　そうですね。臨機応変の能力を試すというのは、必要ですね。ぼくは実は講演というのが大嫌いなのですけれど、なかなか止められない。止められない理由のひとつは、そこがおもしろいからなんです。
　毎回聴衆の質が違う。変なところに招かれると、壇上に立っても「誰だ、こいつ」という猜疑の目で見られることがありますし、動員をかけられてきた聴衆の場合なんか、話を始める前にすでに露骨に飽き飽きした様子をしていたりする。高校生相手の講演なんかだと体育館に二千人くらい集められてきている。ぼくが誰だか名前を知っている生徒が五パーセントぐらい。残り九十五パーセントは「誰だ、こいつ」という感じでこちらをねめつけている。その状態で九十分彼らの関心を引きつけ続けて、話を聞かせるというのは相当きついですよ。終わると体重一キロぐらい減ってますもの。
光岡　それはすごいですね。
内田　とにかく全力疾走しないとついてきてくれない。でも、こっちが疾走していると、最初は関心なさそうな感じで見ていた子がだんだん身を乗り出してくるんです。最後に拍手なんかしてくれたら、伝道師じゃないけれど、結構達成感があります。

光岡　先生自身も盛り上がってくるんでしょうね。

内田　そうです。自分のテンション上げないと、無理です。講演って、結構双方向的な仕事なんですよ。オーディエンスは黙っているんだけれど、笑ったりとか、うなずいたりとか、鉛筆を取り出してメモしたりとか、そういうリアクションで、こちらのテンションを上げることができる。一方的にしゃべっているように見えますけど、実はかなり聴衆に操られていることもあるんです。

向こうもわかるんですよ。自分たちが前のめりになって聞き始めると、しゃべっている方の舌の回転が滑らかになってきて、体温が上がってきたことが。自分たちが「話をさせている」という気分になる。そうなると、そこでぼくひとりがしゃべっているわけではなくて、全員の共同作業という感じになります。すると、ある意味「自分の話」ですからね。人間、自分の話はよく聞くんです。

「場を主宰する」というのは、ですから、武道家としての技術的な重要課題だと思っているんです。禅家でも「随所に主となる」と言いますね。

光岡　どういう場面でも主体的であること。そして、状況と自分との関係性は大切ですよね。普段の稽古で一対一だから、実戦の場面になって三人いたとしたら、「ちょっとふたり待っていて」とは言えないわけです。リーチとか体重差とか試合ではともかく、現実にはそんなこと言えません。その場その状況で判断しないといけない。そういう意味での、状況と自分を踏まえた主であることは大事でしょう。

ハワイでこういう経験をしました。知人が有名なR&Bのグループをハワイに呼んで、コンサートを開催しました。「見にきなよ」と言ってくれたので、練習を共にしていた三人と私とで一緒に行きました。ひとりはボクシングのゴールデングローブのチャンピオンで、もうふたりは空手で一度は州の大会でチャンピオンになったこともあります。みんなそこそこできる人たちです。

会場に向かう途中で何となく嫌な予感がしましたが、とにかく現地について、彼ら三人はコンサート会場の観客席の方へ。私はバックステージに行きました。しばらくしたらコンサートで盛り上がっているのとは違うざわめきが外から聞こえ始め、突然音楽が止まった。

何事かと見にいくと、コンサート会場のど真ん中で、ドーナツ状に人が広がっていて、例の三人がサモアンの連中とケンカを始めていた。

サモアンはいまだに部族意識が強いのか十人単位ぐらいで必ず移動します。彼らは家族やいとこたちと群れで動きます。私と一緒に来ていた三人対十人かでそこそこいい勝負をやっていましたが、明らかにこのまま長丁場になると状況は不利になる。しかもサモアンの方は、なぜか少しずつ人数が増えている（笑）。

どう見てもこれはやばいので、ドーナツの真ん中に私が様子を見に行ったら、ボクサーの彼が倒され、三人ぐらいに完全に袋叩きにされていた。だから乱闘をかきわけて、「ちょっと待て」と適当に相手をよけながら、輪の中から三人をひとりずつ引きずり出して、観客の中にとりあえず紛れ込ませて、バックステージまで一緒に連れて行きました。

当然、コンサートは中止になって、観客はみんな出て行きました。けれど何十人かのサモアンがコンサート会場の入り口で待っている。またしばらくして警備員に外の様子を見に行ってもらったらサモアンがまだいるとのことでした。見えるところや見えないところでずっと身を潜めている。気配でわかるんですよ。

待っていてもらちが明かないから、裏口から警備員数人と共に三人を包囲し、隠し、会場のホテルに隣接したジャングルを抜けて駐車場に向かうことにしました。その途中で「ホォイ、ホォイー」「ルルルル、ホォイー」という雄叫びみたいな声が聞こえるんですよ。サモアン同士の合図で、ジャングルの向こうとかあっちの方から聞こえる。そこで、彼らは狩りをする感覚で私たちの居場所をとらえようとしていることがわかりました。

内田　なるほどね。しかし、暗闇にその響きは怖いですね。

強さへの嗅覚

光岡　そうですね。でも、起きたことに即して、そのときできることを行なうしかないわけで、理想的な自分も理想的な状況もないわけです。
　とにかく三人を乱闘から引き出すときには、K－1に出ていたようなヘビー級のごつい人が十人くらいいて、あちこちで拳が飛び交っているわけで、当たったらちょっと危ない。とにかく切り抜けていかないといけない。
　サモアンはスズメバチみたいなんですよ。ニホンミツバチは二十言語くらいの複雑な言語を操って、セイヨウミツバチは十何言語を話します。スズメバチは五つしか言語を持っていないそうです。きわめて単純な強さがある。彼らは昔の中国で言うと、北狄とか東夷というカテゴリーに入れられてしまうような生々しさを持っていますよね。
内田　そういう人を前にしたら基本的に逃げるしかないということですね。
光岡　いやぁ、逃げられればいいんですが、危機的な状況というのは逃げられないからこそ危機なんですよ。
その乱闘の件で言うと、後日サモアンたちと交流していく中で、互いにリスペクトが生じました。私の道場に習いに来たサモアンもいました。だから実際にどちらかが致命傷を負うような立ち合いにはいたりませんでした。

内田 リスペクトが生じたのは、言語的なやりとりによってですか？

光岡 いいえ、言葉ではありません。何と言うか「そっちがやる気ならこっちもやるよ」という気持ちがある程度ないと、リスペクトは生じない。特にあの人たちはその辺りのことに関しては鼻が利くからそこは敏感です。
だからこちらが少しでも弱気になったときは、まったく敬意を示さない。でも、こちらが攻撃的でもないけれど、覚悟が決まっていて、やるならやろうというぐらいのテンションがあるときには、ある種リスペクトが生じて、そこから互いの覚悟を前提に話をして、それで仲良くなっていくことができる。

内田 生物としての強さがわかるんですね。あ、こいつは強い生き物だというのが。それは腕力じゃなくて、生物としての強さに敬意を感じているわけですね。

光岡 こちらも向こうをバカにしていないし、いざとなったらどうなってもおかしくないだろうというぐらいの気持ちでいるから、やっぱり敬意が互いに生じるわけです。

ボーダーラインに対する感性

内田　サモアンとかハワイアン、それにフィリピン人やインドネシア人とか、そういうコミュニティはハワイの街中では混在して暮らしているんですか？

光岡　棲み分けていますね。ハワイアン以外は移民ですから、自分たちの農園を基盤にコミュニティがつくられています。

たとえば、フォーマイルビーチというところがあって、そこはハワイアン・ホームランドと言われていて、ハワイアン血縁の人たちしかない。その他にハワイ島にはワイピオの谷間と言って、もともとハワイの先住民が住んでいたところですばらしい土地があります。聖地だったんですよ。

内田　ハワイの信仰と言うと何ですか。

光岡　多神教ですね。火山の神、海の神、木々の神とか。

内田　八百万の神ですね。

光岡　キリスト教は入ってきたけど、土着の神々と矛盾した関係を生じつつ混淆《こんこう》しています。西洋文明が入ってから変容した文化もあります。食文化も大きく変わりましたし、たとえばフラダンスを本来女性が踊ってはいけなかったのが、いまは現代化、観光化されて、女性も踊っています。

昔は踊りは男が担っていました。本来は祝詞《のりと》のときの踊りであるカヒコという伝統的なフラは、結構低い腰で構えて、獣のような激しい動きをします。ハワイに限らず、ある文化の体系があって、それに伴った踊りや生活の仕方、闘争の仕方が発生するわけですよね。ハワイでは踊ることと生活することと闘うことは分かれていませんでした。

伝統的には、歌ではなく祝詞としてチャントを唱えながら太鼓を叩いて踊ります。自分たちがいかにしてここに辿りついたか、どのように生活をしてきたかという物語や伝説なども語られていき、それが踊りと唄になります。

内田　なるほど。そう言えばハワイには文字がありませんよね。

光岡　はい、もともとは無文字社会です。

内田　ああ、だからチャントであり踊りになるわけですね。

光岡　それで語り継がれていく。

内田　そういう独自の文化が土着としてあって移民も多い。でも、互いにあまり融合しないいんですね。

光岡　結構交わってはいますけれども、おもしろいのは日系人は日系人のコミュニティにといった具合に自分たちの群れの方へ戻っていきます。

内田　治安が悪い地域もあるんですか。

光岡　ハワイ島は比較的治安は良くて、オアフ島だとワイナイやダウンタウンなどちょっと治安が悪いところもあります。と言っても、泥棒とかひったくりとかですよ。たまに銃での事件もありますが。麻薬常用者は多いですかね。

内田　都市には必ず暗部はありますからね。システムをつくったら必ずそこから除外されるものがあるわけで、そのための場所が必要になります。システムの一般ルールが通らないけれど、別の特殊なルールが働くところ。そういうのをつくっておかないと都市はうまく機能しない。システムとその外部の境目にははっきりわかる「ボーダーライン」がありますね。ヨーロッパでもアメリカでも、ストリートひとつでがらりと雰囲気が変わりますからね。

バルセロナで経験したんですけれど、すごくお洒落なファッションの店が並んでいる通りのひとつ裏がジャンキーがいる路地なんです。日本だともう少しグラデーションがあるはずなのに、ヨーロッパだといきなり変わるんですよ。でも、そういうボーダーラインに近づくと、「臭い」がするわけですね。あ、この角を曲がっちゃダメだ、というような。路地の方からも「ここは堅気のヤツは来る場所じゃないよ」という無言のシグナルが来る。ふつうはそれでわかるはずだけれど、これがわからない人が結構いますね。

光岡　いますね。

内田　今の若い人たちは、このボーダーラインを感じる力が弱いですね。

人物を見る目の劣化

光岡　感覚が鈍っていますよね。シミュレーション上で物事を解決するものだとずっと教育されてきているし、ネットの中の出来事もすべて想定内のことばかりだから、その範囲で物事を解決する。その通りやっておけば大丈夫だというような幻想が共有されています。

言わばナイフが自分に向かってきていても「法が私を守ってくれる」とか、そういう期待のレベルで身の安全が確保されると思えるわけです。最近では、治安を守る警察にもそういう思考が見受けられます。

と言うのも、柔道経験者の警察官が現場で刺されるケースが少なくないと聞いているからです。危険に対する感覚が鈍いだけでなく、少し自信を持っているから刺されるのだと思います。自信があるから「ここを取って投げれば大丈夫」という想定内で何とかしようとする。だから、状況に合わせせられない。自分が持っている技に状況を当てはめようとしたら、そりゃ刺されますね。

内田　どうも職業的に向いてないんじゃないかという人が警察官に最近増えているような気がするんです。何て言ったらいいのかな、本来の警察官というのはやっぱり、ある種の特殊技能を持っている人が選択すべき職業だと思うんですよ。

冤罪《えんざい》事件がこのところ多いですが、これは警察官・検察官の質が下がっているからだと思います。そういう職業に就くべきではない人が「公務員は収入が安定しているから」とか「暗記が得意なので司法試験向きだ」というような理由で司法の仕事に就いてしまう。でも、本来、司法官というのは、物証がなくても、目撃者がいなくても、自供がなくても、犯罪者を言い当てることができる。そういう特殊能力があることを前提にして制度そのものが設計されているんだと思う。

だから、裁判官の「心証形成」という法律用語がありますね。これは「根拠はないけど、何となくこいつが犯人のような気がする」とか「根拠はないけど、この証言は嘘だ」というような直感のことです。それが判決に関与することを制度が許容している。ということは、経験的には、人間には物証がなくてもことの真偽を判定できる力があるということを前提にしているということです。

本来の司法官には、そういう能力があるということが無言のうちに期待されている。先日、大阪府警の警官が京都府警の刑事とほかの事件のことで情報交換した後に、広域手配の犯人写真を手渡され、その十分後に犯人を見つけて逮捕したということがありました。たぶんこういう人は何百人何千人という人が歩いている雑踏の中からでも、「怪しいオーラ」を出している人を直感的にスクリーニングできるんでしょう。そういう天賦《てんぷ》の才能があるんだと思います。

光岡　目利きですよね。

内田　昔はそういう能力のある人がいると「君は警察官に向いているね」と子どもの頃から何となく方向づけするような仕組みが働いていたんだと思います。

光岡　そこは難しいですよね。こういう能力は、テストできないじゃないですか。

内田　そうなんですよ。数値的に計測できる能力じゃないから。

光岡　これは警察に限らず、企業でも役所でもそうで、目利きを見抜く目利きが必要ですが、それが今いないわけです。いたとしても、そういう目利きは、現場にずっといて昇進しないタイプ。中間管理職ぐらいの位置で、それ以上は上に行けない中に案外いそうな気がします。そういう人たちをうまく採用する側に用いるといいと思うのですが、多分システム自体がうまくまわっていなくて、現場の経験が少ない知識人が上層にいたりするわけでしょう。

内田　今の警察庁長官は「とにかく山口組をつぶす」ということで猛然と暴力団対策を強化していますけれど、これは見方によってはかなり危険な方向ですね。

光岡　危ないですね。

内田　「世の中には正しい市民と悪者がいる」という二項対立図式で切り分けて、悪者は排除する、と。これはちょっとまずい。たしかに本当に悪いヤツ、心底邪悪な人間というのはたまにいます。でも、止むに止まれぬ事情で裏稼業に就きましたという人もいるだろうし、今はこっちにいるけれど、機会があったら堅気に戻りたいと思っている人もいる。そういう行ったり来たりする人や予備軍も含めればたぶん何十万という人が「良き市民」と「悪者」のグレーゾーンに存在して、暮らしている。こういうグレーゾーンはどんな社会集団にも存在する。どこから悪で、どこからが善なのかというラインは結構ファジーですよね。

光岡　いや、ラインはないですよ。あるとすれば社会的な絶対正義があることになります。しかし、絶対正義は、今のところまだ証明されていませんよね。「この国家理論が正当だ」とか「この国の思想が正しい」ということが歴史的に証明されたことは、いまだかつて一度もない。それが現状の社会であるならば、絶対正義が示されていないのに社会的に「このラインから向こうは悪だ善だ」と決めるのは矛盾がありますよね。

善悪を二元論で分けることの危険性

内田 暴力団の反対側には「マル暴」と呼ばれる暴力団を専門的に担当している刑事がいますが、よく言われるように、ほとんど外見が同じなんです。この人たちの不祥事が今次々と摘発されています。金品を暴力団にもらっているとか、捜査情報を流したとか。でも、そういうことって、これまでもずっとやってきたはずなんです。それをやることによって「パイプ」をつくっておく。情報のリークとか便宜をはかるとかいう貸し借りをつくっておいて、その代わりに「業界内部」で何が起きているかに関して、質の高い情報を取って、大きなところは統制している。そういう小さいところで失点しても、大きく得点するという計算が立って、かなりクールにそういうことをやっていたんだと思う。とにかく最終的に社会全体の安定のためにプラスが多いという帳尻が合うなら、そういう脱法行為はある程度許容されてきたんだと思うんです。そういう仕事のためにはグレーゾーンで境界線を守っている人たちには、ある程度の自由裁量権を与えないといけないんですから。司法官の任務を截然と善悪に分けて、法の執行官は百パーセント無垢でなければいけないということでは多分効果的な司法はできない。でも、結果はどうなってもいいから、手続きは完全に合法化しろという圧力が今強くなっている。

光岡　ヤクザとマル暴の違いは、見た目はたしかに変わらないです。それでも見分ける方法はあります。簡単ことで彼らの目を見ると目の光り方に違いがあります。そう言えば大阪市長が刺青している市職員を処罰するという話がありましたね。まさしくグレーゾーンを認めない線引きの話です。

内田　市長の施策は公務員の政治活動の禁止から始まりました。デモをしてはいけない、組合活動をしてはいけない、政治的メッセージのある芝居に出てはいけない、などなど。そして、今度は入れ墨がダメとなった。ひとつひとつの指示は筋が通っているかのように見えますが、全体に狙っているのは、光岡先生が指摘されたように「線を引く」ことですね。

つまり、市長の議論では、まともな市民とそうでない人間の間にはクリアカットな線があるということが話の前提になっている。でも、世の中の仕組みというのはそうじゃない。グレーゾーンがあって、そこを相当数の人が行き来していて、そういう市民的道徳と反社会性・非社会性の汽水域《きすい》みたいなところでしかうまく呼吸できないという人たちがいるわけです。そういう生態学的な「ニッチ」はやはりなきゃ済まないのではないかと思うんです。でも、今の日本社会は、そういう点については、どんどん非寛容になっている。わかりやすいボーダーラインを決めて、「これを超えたら罰を与える」という方向に向かっている。

光岡　そうですね。

内田　でも、本来の社会生活というのは、そんなにわかりやすいものじゃない。繁華街でも一本路地を入ったら、そこには怪しいお兄さんお姉さんがいる。そういうことは普通の感覚を持っている人間だったらわかる。だから、よほどの用事がなければそういうところには入り込まないし、路地の人たちも普通は表通りには出てこない。そういうふうに感覚的な「棲み分け」がなされていた。ところが、現代人はそういう「こっちに入っちゃダメだよ」というセンサーがもう機能していない。だから、いきなり入ってはいけない路地裏に踏み込んでしまう。そういう危険についての判断力が劣化してきている。だから、行政が目に見えるボーダーラインを引こうとする。そういうことではないかと思います。

光岡　論理的に白黒はっきりつけるようになると、それに依存するようになります。そうすると自分の感覚がいよいよ鈍ってくるので、人を見る目もなくなってきますよ。鼻が利かないというのは相当問題です。

内田　ちょっと不良っぽい男というのと、職業的な犯罪者は明らかに違うじゃないですか。でも、今の若い子にはその差がわからない子が多い。

光岡　理屈で線を引くとわからなくなりますね。たとえば「あの人は見た目はちゃんとした格好をしているから大丈夫」というふうに理屈で自分を丸め込んでしまえる。でも、見てくれなんてどうにでもできるわけです。一定の時間だけ、あるキャラクターを演じることもできるわけです。

　確かに初めて会った人だと、その人の変化が見えないから見抜けないこともあるでしょう。だけど、雰囲気の悪い人からすごく上品な人まで、いろいろな人とつき合ったりしている経験があれば、自ずとわかってくることがあります。そう考えると、小学校や中学校の教室にいろんな人がいることは大切ですね。私の通っていた中学校にも、ヤクザや右翼の息子もいればサラリーマンや社長の息子もいましたよ。

内田　そういう方が「人を見る目」は養えますよね。今は親が子どもたちをできるだけ均質化した環境で育てようとするでしょう。同じような階層の、同じような生活水準の、同じような価値観の子どもたちを集めて、そこで教育しようとする。その方が効率的だと信じているから。でも、そうすると「人を見る目」が劣化し、危険に対するセンサーの感度が下がることは避けがたいんです。

闘争社会における距離感

光岡　武術もそうじゃないですか。ぱっと見て、「危ないな」とか「もう後に引けない」とか、その状況を見きわめるのは理屈じゃない。冷静になってみて頭で考えると前に出られなかったり、後に引けない状況になっているのに、まだ大丈夫かなと勝手に思ってやられてしまう。

前に出られない、後に引けない状況というのは、「出られない」「引けない」のだからそこで何とかしないといけないわけです。

内田　相手によって、対応の仕方はその都度変えなくてはいけない。でも、人を見る目がないと、誰に対しても同じパターンで接するようになる。誰に対しても同じような口の利き方が通じると思ってしまう。ネット社会になってから、その傾向に拍車がかかっていますよね。匿名での発信が許されるということになると、はるか年上の人間で、実際に対面的な場面だったらできるはずもないのに、いきなり「おまえは」みたいな言い方ができる。こんなことができた時代はないわけです。「あいつに何かひと言文句を言ってやりたい」と思っても、文句を言える立場になるためには、それなりの努力をしないといけなかった。そもそもその人と話ができる立場にならなければならなかった。でも、今はそれが簡単にできる。この種の通信ツールは、だから立場の弱い人間に法外な全能感を与えてしまいますね。いきなり人のプライベートスペースに入り込んで、後ろから頭をぽんと殴れるわけですから。

こういうツールを手に入れたことによって、人を見たり、相手の力量をはかったり、自分がどれくらいの距離でどういう言葉遣いでどういうアプローチをすればいいのか考えるという能力がどんどん弱くなっている。

光岡　距離感に関連して少し話したいことがあります。

カリの使い手でアントニオ・イラストリシモ[*4]という方がいました。十五歳の頃イラストリシモが酒屋にビールを買いに行ったときの話ですが、店の人にビールをどれそれ何本と注文していたら後ろに居た人が「若造、酒を買う時はグダグダ喋るもんじゃない、さっさと買うなら買え！」と文句をつけてきました。イラストリシモが「店の人に欲しいものを説明しないとわからないだろう！」と言い返し後ろを振り返ると、目が合った相手は腰に差していたバロング

アントニオ・イラストリシモ

(鉈)を抜いて斬りかかっていました。

その一瞬、イラストリシモは腰に差していたバロングを抜き打ちざまに相手の首を刎ね、首を刎ねられた身体は直ぐには倒れず何歩か歩き、地面にゴロリと転がった首は鋭い眼光でイラストリシモの方を見ていました。イラストリシモは相手がフィリピンに伝わる黒魔術アンティング・アンティングを持っているのではないかと少々心配だったそうです。一時は警察に逮捕されたのですが、相手の方が先に刃物を抜いて斬りかかってきたので正当防衛と見なされ釈放されました。周りのはからいもあったのでしょうが、さすがに事件があったあと島に住むことはできず引っ越すことになりました。

内田 すごいですね。

光岡 イラストリシモが遺した話によれば相手も結構な遣い手だった。だからやるやらないは一瞬で決まってしまった。この立ち合いは互いの実力に感応してのことだったと思うんですよ。それにしてもカリとかシラットには、危ない人が多いですよね。写真を一瞥するだけでもアンヘル・カバレスとかレオ・ヒロンなど相当の実力者ですが、あまり明るい顔をしていないですよね。

内田 (資料を見て)暗いですね。うわ、怖いですね。目がまじで怖いわ。なんか殺伐としていますね。

光岡　こういう人たちは第二次世界大戦で日本軍とも戦っています。日本軍の支配地域を夜襲し、武器を奪い取って持って帰り、自分たちが使えるようにする役目だったそうです。

内田　日本の剣術だと達人は、剣聖というような非常に高い心境にあるというイメージがありますが、彼らの場合はどうなんでしょうか？

光岡　ある意味すごくスピリチュアルだけれど、それは弱いとリスペクトされないという生々しさが背後にあってのことですね。やるときはやるという、そのやむを得なさの中で精神性の高さみたいなのが生まれることはあるでしょう。だから人を殺してきた人たちが、「いかに人を殺したらいけないか」という話を説くわけです。カリの遣い手も人を殺すとは、「黒魔術を使って亡霊を祓わなければならない。それくらいのことが必要なんだ」と身をもって教えるわけですから。

内田　（写真を眺めて）すごいタトゥーですよね。やはり呪いをこれで祓っているのかなあ。

光岡　そうですね。自分たちが戦うときも呪詛をまとうし、亡霊たちに対してもそれで祓う。

内田　こういう人たちの眼には、本当に亡霊がリアルに見えるんでしょうね。

光岡　晩年まで転がった首の話をしていたくらいですから、それは見ていますよ。

内田　よほど生々しい記憶だったんでしょうね。

光岡　何かそのときの見えない働きみたいなものがリアルに感じとれるのでしょう。イラストリシモと相手のふたりがたまたま酒屋で遭遇する。その因果に至るまでをずっと辿っていくと何かの縁でつながっている。

日本の剣だとそこで禅をはじめとした仏教を導入したりもするわけです。彼らの土着信仰が黒魔術になるのは、カトリックの影響があるからです。もとからあった土着呪術が黒魔術にされた理由は、カトリックが入ってきたから黒にされただけです。

内田　なるほど。いずれにしてもかなり闘争的な社会を生きているのですね。

光岡　部族的ですね。戦士だと認められたら敬意を払われる。そういう厳しい環境だと弟子はなかなか育ちません。

内田　ちなみに日本の剣術でいう「活人剣[*5]」的な発想はないんですか。

光岡　殺《や》る必要がなかったら殺らない。それだけでしょうね。バロングという鉈が生活道具だったように、彼らにおける闘争というのは生活と分かれていません。バロング自体、本来対人用ではなく、サトウキビ畑やジャングルで生活用具として使うわけでしょうから。

内田　農工具がそのまま武器になるのは、沖縄と同じですね。

光岡　沖縄の方が中国武術の影響が強いですが。カリやシラットは文化的にはビジャヤ王国の影響のもとで生まれたようです。南スマトラからずっとフィリピンまでをひとつの王国としていた時代です。

その成立にあたっては、多分インドの影響が濃くあったと思うのですが、その前に中国文化が入っているはずです。クンタオという流派がペンチャックシラットやカリにありますが、これは唐代の中国武術が土着化していったものと言われています。クンタオは中国語の転訛《てんか》で、「クン」は拳、「タオ」は道を意味します。日本語で言うと拳道ですね。

あとは蛮刀のような武器がイスラムから、クリス・ナイフといったクネクネしたナイフはインドから入ってきました。それから中国からの刀剣やサイ[*6]のような武器もあります。なにせあの辺りの武術には、中国、イスラム、インドの三つの文化文明と、もともと土着していた文化を基とする部族の闘争の仕方とが混ざっています。その後にスペインがやって来ました。

内田　さっき写真で見たような殺伐としたたたずまいは、どこから来ているのでしょうか。

光岡　部族同士の争いがいつまでも絶えない闘争の記憶がそれこそ古代からあって、それが文化の底に流れている。要するに、「とりあえず首を狩っておいてから和解」みたいな文化が連綿とあって、そこにマゼランも巻き込まれた。日本で言うと戦国時代の感覚に近いかなと思います。

内田　なるほど。

精霊が棲む自然観

内田　先ほど話題にのぼったアンティング・アンティングですが、キリスト教によって黒魔術とされたというお話でしたね。キリスト教は霊肉二元論で、肉の干渉が霊的成長を妨げるという人間観ですから、身体性をどうやって効果的に統御して霊的に統合するか、あるいは身体の蔵している豊かな資源をどう開発するかという身体技法論がキリスト教にはないですね。

光岡　行《ぎょう》がないからそうなりますね。

内田　行がないんだ。

光岡　三位一体[*7]という教えはありますね。ザ・ファーザー、ザ・サン、ザ・ホーリー・スピリット。つまり全知全能なる主と子であるキリスト、そして聖霊というように、神と聖霊をちゃんと分けて説明している。聖霊というのは多分、日本の八百万の神々に近いものでしょう。

内田　近いと思いますね。

光岡　聖霊は万物に属するものであり、全知全能なる神というのも、その上で認めているわけですよね。

内田　聖霊という神学概念が整備されたのは四世紀のニカイア公会議からですけれど、たぶんそういうふうに概念規定される前の時代は、わざわざ聖霊とはいかなるものかというようなことを説明しなくても、みんな聖霊を感じていたんだと思います。

聖霊論という領域がかつては神学の中にありましたが、途中で聖霊についての議論がしだいに抽象的になって、やがて消えてしまいます。父も子も聖霊も、いずれも識別しがたい神性として、現実からどんどん遠ざかってゆく。でも、古代の信者たちにはそれぞれは輪郭のはっきりした別個の神格としてリアルに感知できていたんだと思います。

四世紀くらいまでは聖霊の接近をありありと感じられた人たちが普通にいた。でも、中世からしだいに聖霊を感知できる能力が衰えて、最終的に人知の及ばない観念になってしまった。

光岡　つまり神が人間的になってくるわけですね。人間的な理解の及ぶ範囲の神様になった。

内田　聖霊がすべての人に感知できた時代には、たぶん「父」という神格はまだ登場してこなかったんでしょう。「父」が到来して、「アブラハムよ」と言うことはなかった。それ以前はおそらく無数の聖霊が地上を覆っていた。それが共通認識としてあった。だから、三位一体説というような理論が持ち出されたんだと思います。主もキリストも聖霊も同じくらいにリアルだったんでなければ、そういう理論は出てこないですよ。

光岡　抽象的で存在が定義できない神でありながらも、それにアクセスできるのは聖霊の存在を通じてでしょう。

聖霊は神格化された存在というより、私たちが今感じているもの。たとえば、のどが渇いたときに水を飲んだらおいしく感じるとか、そういうことではないですか。

内田　クオリア*8のことなのかな。

光岡　のどが渇いたときに泉と出会った。明らかに私の存在だけでは、その出会いの説明がつかないわけですよね。のどが渇いたそのときに、そこに水を持ってきてくれる何かがないと飲みたいと思ったところで絶対飲めないわけだから。

あるいは花を見たときに、ふと「神は私に何を語りかけているのか」と感じ入ることがあるわけですが、そこでは神を知るための媒介として、植物の聖霊がいる。

内田　縁起とか因果とかいうような話ですね。それはちょっとキリスト教にはない考えですね。でも、そういうアイデアは、もしかすると聖霊論の枠組みに入るのかもしれない。

光岡　エンゼル（天使）もセイント（聖者）もそうかもしれないですね。

内田　布教の過程で、ゲルマンやケルトの地場の神々は聖人にされて、キリスト教のヒエラルキーの中に回収されましたからね。そういうローカルな神々に対して住民が抱いていた霊的リアリティへの配慮ということだと思います。

諸刃にならなかった日本刀の精神性

光岡　聖霊ならぬ精霊を見て取る文化が日本にはあると思います。ものに対する独特の感覚とスピリッツを日本人は持っていますよね。

たとえば生活の用から考えたら、刃物で諸刃というのは異様なんですよ。世界各国を見ると、刃物は対人専門の殺傷武器になった時には諸刃になります。生活用具としては諸刃の包丁や鉈は無能ですよね。自分の身を傷つけてしまいますから。明らかに殺傷のためだけに特化していった結果、諸刃になったのではないでしょうか。日用的な道具がたまたま戦わざるを得ない状況になって武器になったものとは違うんですよね。

でも、日本では合戦の時代が長く続いたにもかかわらず、宝蔵院流の太刀とか一部の流派を除いては、片刃から抜けなかった。そうさせたある種の精神性みたいなものとプラグマティズムが文化としてあるのかもしれません。道具と人を殺傷する武器というのを切り離さないでずっといたというのは、何かそこに、それを支えるような気持ち、精神性があったのかもしれない。

「兵器は手の延長」という考え方が中国武術にありますが、あれは論理的思考の賜物で、つまり道具として兵器を扱うから、道具は手の延長上だという発想です。すごく合理的でプラクティカルです。そこからある精神性に至る人もいたと思いますが、日本ほど社会的にその精神と道具が結びつく、ある種のスピリットを見て取るという考え方が浸透していません。

内田　たしかに日本人は道具を非常に大事にしますね。道具だと思っていないんでしょう。

光岡　そうなんですよ。特に日本刀は、道具と人間の心や精神性を結んでしまう。

内田　我が身よりも道具を丁寧に扱うということがありますからね。居合でもまず刀に礼をしてから始めます。自分が主人で刀が道具であるとは思っていない。刀には刀の固有の理がある。人間は刀の自然な動きの邪魔をしてはならない。刀が要求してくる動きに身を添わせてゆく。これは道具としての武具という発想ではないですね。

これはもしかすると日本人特有の考え方かもしれないですね。「道具をどう使おうか」ではなくて、道具の方に合わせて、自分の身体の使い方を組み替えてゆく。異物との出会いにおいては、とりあえず外来のものに身を添わせて折り合いをつける、という文化にどこか通じている気がします。

刀剣を媒介にして、自然界とつながる

光岡　やはり見えない所とのつながりが自分と刀との間にある。そういうふうに日本の武術はとらえているようですね。

内田　愛刀には名前をつけますからね。能の『土蜘蛛』では源頼光は膝丸という刀を持っているんですけど、それで襲ってきた土蜘蛛を退治した後は、蜘蛛切丸と改名します。刀には、何とか丸という童名をつけますね。刀に童名をつけるのは、大江山の酒呑童子[*9]とか茨木童子[*10]とかと同じで、中世以来の伝統では、市民社会の外にあるものを意味します。「権力にまつろわぬもの」です。一般の社会規範が適用できないものについて童名をつける。「京童」もそうですね。別に子どもじゃない。誰にも服属しないで、言いたい放題のことを言って、官吏や貴族に向かって石つぶてを投げつけたりするような人たちをそう呼んだ。

　牛車を牽く中世の牛飼いも長髪で、やはり童名を名乗った。牛というのは当時日本列島で知

られていた最大の野獣なわけですから、それを統御できる能力は人間社会の限界をはずれた力だと思われていた。童名は人間社会にいるけれど、その外側と通じているものの指標だったわけです。刀に童名をつけるのは、刀の「本籍」が人間社会の外にあるという実感を表していますね。

光岡　刀が蔵しているのが精霊ですよね。

内田　牛飼いが牛の力を媒介して巨大な牛車を動かしたように、刀を媒介にして、外の世界にある巨大な力が人間の世界に入り込んでくる。

刀は人間の世界とその外部を越境するためのチャンネルなんです。だから、刀は便利に使える道具ではないし、私物化できるものでもない。今はたまたま自分の手元にあるけれど、ある種の霊格を帯びたものとして、いずれそれを所有する資格を持った人に手渡される。それが日本の刀剣観でしょうね。

光岡　刀剣観であり、ある種の精霊観でもあるわけで、だからものをすごく恐れるわけですね。村正[*11]にしてもそうですが、妖刀として見えないものが刀に附属していると考え、すごく恐れたり、疎んだりしたわけです。神ではないけれども人間でもない何かを真ん中に置くという意味では、刀みたいなものは無形の部分で尊重されていたところがありますね。

内田　そういう刀剣そのものに神霊が宿っているという発想はヨーロッパにはないですね。アーサー王の伝説にはエクスカリバーという剣が出てきますけれど、それを石から引き抜いたアーサー王が王にふさわしい人物であることを証明したという伝説ですね。王になるためのひとつの試練であって、エクスカリバーを持ったことによって、突然アーサー王の人格が変わったとか、魔力を手に入れたという話ではない。

だから刀を媒介にして、人間が外部の自然力とつながっていくという発想というのは、日本独特の考え方かもしれないですね。

光岡　道具と心を交わしたら、ものの意味合いは深まります。愛着があるものだから大切にしたい。そうしないと折れたり傷ついたりすることもあるわけで。そうするとそのもの自体に対しても、またつくる人に対しても自然と敬意が働きますよ。そういう世界観で現代でも生きているのが職人ですよね。

内田　名人的な職人の中には、指先で触るだけで製品のミクロン単位の差異がわかるという人がいますね。計測機器そのものより指の感覚の方が精度が高い。これは個人的な努力で到達できるものではない。どこかで何か外部の「人間ならざるもの」が介入している。

能に『小鍛冶』という曲があります。三条に小鍛冶という刀鍛冶がいて、天皇に刀を頼まれたのだけれど、自分に匹敵するだけの腕の相槌がみつからないので困っていた。稲荷明神に祈願すると、一夜狐がやってきて、相槌をつとめてくれる。稲荷明神の化身なんです。そうやって狐との合作で名刀が打ち上がり、小鍛冶はそれに小狐丸という名前をつけて献上する、そういう話です。

自然界の精霊が到来して、その協力を得て非常に精度の高い、巧緻をきわめた工芸品ができ上がるという物語は、どこかで現代の職人の名人芸につながっているような気がします。ものづくりが日本の世界に誇る伝統だというのは、そういう身体文化のことを意味しているんじゃないでしょうか。

光岡　でも、この身体感覚は元来人間に備わっているもので、アクセスの仕方次第では人種や民族を問わず共有できるものだと思います。

内田　そうですね。洋の東西問わず、身体感覚を尊ぶ文化は、人間社会のルールが通じる世界の外側にそれとは違う外界があって、そことの境界線においてどう振る舞うかということを重要な主題にすると思います。人間の世界とその外部の境界線上にこそ人間が生き延びるための本当に重要な知恵と技法がある。

光岡　たしかにそうです。危機的状況にないと技術が磨かれないというのは、そういうことです。

内田　人間の論理が通じない場面でも、何をなすべきかがわかる。そういう判断力を磨くということですね。

判断してから動いたのではもう間に合わない

内田　人間の世界の外側から何か「本質的に邪悪なもの」が切迫してくるということがある。この状況ではもう人間的なロジックは通用しない。人間の言語が通じない。利益誘導とか、処罰の恐怖とかでコントロールすることができない。でも、その危険が目前まで切迫してきている。そういう状況でどう振る舞うか。それがぎりぎりまで削ぎ落とされた武道的な課題だと思います。

光岡　凶暴な人に見られるような、目が死んでいる強面の連中は、まだこちらの話が理解できるんですよ。いや、これは本当なんですよ。そういう連中には、彼らなりのロジックや社会性があるから話の通じる余地がある。いちばん危ないのは、目の奥に獣の光を宿している人です。

内田　どういうことですか？

光岡　ハワイでサメを釣り上げたとき、そのサメを素手で殴って殺そうとしているサモアンを見たんですよ。いや、驚きましたね。つまり対等な戦いをしているんですよね（笑）。釣り上げた瞬間、すかさず拳でドンドンと叩いてましたからね。

内田　あ、なるほど。そういう人の目なわけですね。

光岡　躊躇《ちゅうちょ》がないんです。すごく人間に似た野生動物ですよね。こちらがわずかでも闘争的な気配を出すとそれにすかさず反応する。アントニオ・イラストリシモの果たし合いと同じです。

でも、こちらが落ち着いていると向こうも落ち着く。闘争心に闘争心が触発されるから気をつけないといけない。だからリスペクトがないとダメなんです。理屈に持っていく前の段階では、そういうことが必要なんですよね。

内田　釣り上げた瞬間、サメを殴りにかかるというような行為は、「あいつがさっきから睨んでるから、じゃあやるか」という感じの因果関係で出てくる話じゃないですね。相手の攻撃性がこちらの攻撃性と同期するという感じで始まるわけですよね。

武道において「機を重んじる」ということがありますけれど、それはいわゆる人間と人間の間で起きることではなくて、本当は人間の中にあるもっと動物的な、生物そのものの本質的なところで起きている出来事なんじゃないでしょうか。人間的な時間とか人間的な論理がもう通じない次元での出来事を意味しているんじゃないでしょうか？

光岡　はい。そういうものが通じない世界ですね。戦う両者の出会いはロジカルではないし、いつどこで出会い、どのような結果に至るかは、ふたりの間だけで決められることじゃない。

内田　アントニオ・イラストリシモの例も、まるで何かに引きつけられるようにふたりがそこに来て出会っている。その一点で、はかったようにふたりが出会うというのは、天文学的な確率の出来事じゃないですか。

光岡　だから引きつけられるというのは、本人の意思とは関係ないわけですよね。偶然か必然かとかいうのは多分言えないと思うんですよ。だから、なるべくしてなるとしか言いようがない。そういう意味では、必然かもしれません。ただ偶然か必然かを対象化して考えられる程度の必然には本当の意味での必然性がないことは確かです。

内田　やはり、それを機というんでしょうか。

光岡　それをとらえる稽古が多分、腕の立つ人の稽古でしょう。でも、これはシミュレーションが効かない。それをどう稽古するかが本当の稽古でしょう。

その時に自分がどうあるかというところが問われてくるとき、どうしていいかわからないあまりにいつもの自分のパターンや想定内に持ち込みたくなる。

でも、どこかで「それをしたら絶対通用しない」というのもわかっている。絶対シミュレーションやパターン通りにはならないというところをいかに速く判断するか。と言うより、判断以上に行動を起こさないといけないわけです。

内田　判断してから動いたのではもう間に合わない。考えてから動いたのではもう遅過ぎる。でも、何も考えないで動くということはありえない。「考える前に考える」という言葉があって、ぼくはわりと気に入っているんですけれど、合気道はそういう機微を感じるための錬磨だとぼくは思っています。

自分がまず存在する。自分の利害得失の計算があり、守るべきものがあり、誇示するものがある。あるいは自分自身の身体能力があり、それが優位であるなら、そこに相手を引きずり込もうとする。そういう「人間的」な発想をしている限り、絶対に間に合わない。

たぶん先ほどの鮫を素手で殴り殺すサモアンは「鮫と同期している」んだと思います。鮫の攻撃性を感知して対応しているんじゃない。鮫はただ目の前にある動くものを噛もうとする、呼吸するとか心臓が鼓動するとかと同じようにナチュラルな攻撃性です。そんな呼吸するように自然な攻撃性に対して「感じて、応じる」というような対応をしていたのでは、絶対に間に合わない。鮫の攻撃性と同時に生起するような攻撃性が必要になる。一体化すると言ってもいいし、同化すると言ってもいい。相手が攻撃的になれば攻撃的になる、穏やかになれば穏やかになる。それが前後でも因果でもなく、同期するということが機ということのかんどころじゃないかとぼくは思います。

合気道というのは、たぶんそのための稽古をしているんじゃないかと思います。よく気を練ると、相手の呼吸と合ってくる。相手の体感の詰まりとかこわばりとか、そういうものとも合ってくる。相手の身体の伸びや力感とも合ってくる。そうすると、右手と左手が拍手するような感じで、ごく自然に身体の動きと同期するようになる。たぶん、そういう身体のありようを作り込んでいるんじゃないかと思います。

両手を合わせて拍手するときに、「右手が左手を探しにゆく」とか「左手が右手の動線を塞ぐ」とかいうことはありえませんよね。元が同じ身体だから。ひとつの身体から分岐している部位なら、相手が今何をやっているか全部わかる。それが同化的に動く、同期するということなんじゃないかな、というのが現在のぼくの稽古の理解なんです。

光岡　それはちょっとわかります。自分の中にある流れに相手を持ってくると、俗に大東流や合気道で言う合気のかかった状態になります。実際、ハワイではそういうことも指導していました。
ただ、幕末の中村半次郎[*12]や岡田以蔵[*13]みたいに、もう後のことは考えず、とにかく目前の相手を斬りさえすればいい。正直、そういう人とあまり同調したくないなというのはありますよね。
内田　それはいやですね。
光岡　斬りたい人と同調すると斬られちゃうわけですから。だから、そこが武術で問われるところなわけです。

最終的に問われるのは自身がどこまで覚悟しているかということ

内田　「合気」というのは、もともと武道的にはネガティブな意味の言葉だったらしいですね。「合気される」という受動態で使っていた。蛇ににらまれた蛙みたいな状態です。それを植芝盛平先生がポジティブな意味に書き換えた。
光岡　古流では陥ってはいけない状態を指す言葉でしたね。だから岡田以蔵に斬られた相手は、合気させられていたわけです。そう言えば、岡田以蔵におもしろいエピソードがありますよ。暗殺者が勝海舟を狙っていて、岡田以蔵が躊躇なくばっとその刺客を斬っちゃったときに、勝が「そう好んで人を斬るものじゃないよ、岡田君」と言ったら、「でも勝先生、私が今斬っていなければ先生がそれを言うこともできません」と岡田以蔵が切り返し、勝海舟が何も言えなかったそうです。そういう躊躇のなさは相手を侮らないところから出てくるのでしょう。相手も自分と同じくらいの覚悟でおそらくいるだろうということがどこかでわかっている。

結局、最終的に武術で問われるのは「私がどこまで覚悟ができているか」を稽古を通じて見ていけるかということです。しかし、これはいちばん難しい。なぜなら覚悟を稽古するということは、シミュレーションや想定で固めて「覚悟を決めたからオレは大丈夫だ」と自分に信じこませるのとは違うからです。ポジティブ思考とか自己啓発的なものではなくて、覚悟とは、字の通り目を覚ませということです。目を覚まして悟れということだから、はっとするところを常に見ていかないと覚悟の稽古にならない。そういう自分の中の変化を見、自分をずっと省みていくことで、周りの状況がとっさに変化したときでも、それに対応できる自分というのをつくっていくことはできると思います。

＊1　**バーニー・ラウ**　イチョウ流合気術の創始者。元海軍兵士。一九四一年フランスに生まれる。一九四七年にハワイへ移住。ハワイで中国系の家族に養子として入る。ラウは広東語など中国南方の発音で「劉」の読み。一九六〇年から八年間海軍潜水艦部隊に入隊。従軍中に潜水艦でメコン川デルタを北上し、サイゴンでベトナム政府の要人を潜水艦で護衛・移動するなど重役を務める。退役後に警察官となるとシアトル市警の現場で今まで学んで来た武道が一切通用しないことから、現場で通用する技術体系を独自に研究すべく〝道〟が示す思想や観念から〝術〟の実用性を中心とするイチョウ（銀杏）流合気術を創始する。

＊2　**三教**　合気道の基本技のひとつ。手首を逆にとらえ相手を捕縛する合気道の関節技。大東流合気柔術、合気道の一部では三ケ条ともいう。

＊3　**站椿**　意拳で最初に習う基本のひとつ。静止した状態で身体の状態を観ていく修練方法。韓氏意拳では基本平歩站椿に挙式、抱式、捧式、推式、按式、劃式、提式、結束式などがある。

＊4　**アントニオ・イラストリシモ**　一九〇六年生―一九九七年没。フィリピン、セブ島バンタヤン、バゴング生まれ。フィリピン武術・カリの達人。数多くの武勇伝がありフィリピン武術界ではタガログ語で敬意の象徴である〝タタング〟と呼ばれている。若い頃から幾たびも公式・非公式の立ち合いを経験し生き延びてきた事からフィリピン武術界ではフローレル・ビルブレール等と並んで尊敬の対象となっている。

＊5　**活人剣**　本来、人を殺傷する目的のための刀剣が、使い方によって人を生かすものとして働くこと。反意語、殺人剣。殺人刀。

＊6　**サイ**　琉球古武術の武器のひとつ。かんざしに似た形状から「釵《さい》」と名付けられたと言われる。

＊7　**三位一体**　キリスト教で、父・子・聖霊の三位は、唯一の神が三つの姿となって現れたもので、元来は一体であるとする教理。

＊8　**クオリア**　感覚質。感覚に伴う透明な質感。意識が感覚刺激を受け取った時に発生する感触のこと。

＊9　**酒呑童子**　丹波の大江山に住んでいたという伝説上の鬼の頭目。都に出ては婦女・財宝を奪ったので、勅命により、源頼光が四天王を率いて退治したという。御伽草子・絵巻・謡曲・古浄瑠璃・歌舞伎などの題材となっている。

＊10　**茨木童子**　京都の羅生門で渡辺綱に片腕を斬り取られ、のちに綱の伯母に化けてその片腕を奪い返したという、伝説上の鬼。

＊11　**村正**　室町後期の刀工。伊勢国桑名の人。作風は表裏のそろった箱乱刃に特色がある。俗説では相州正宗の門人で妖刀を作ったと言われるが不当。同名の刀工が数代ある。

＊12　**中村半次郎**　幕末—明治時代の武士、軍人。後に桐野利秋と名乗る。示現流の達人で、人斬り半次郎の名で知られた。西郷隆盛のもとで尊攘運動に従い、戊辰戦争では会津若松攻めの軍監となる。維新後陸軍少将、陸軍裁判所長をつとめ、西南戦争で戦死した。

＊13　**岡田以蔵**　幕末の武士。土佐高知藩の郷士。江戸で桃井春蔵に剣を学び土佐勤王党に入る。京都で薩摩の田中新兵衛と共に本間精一郎を殺害するなど、多数の暗殺事件に関係、「人斬り以

蔵」と呼ばれた。後に藩吏に捕らえられて高知に送られ、処刑された。

第四章　荒天を進む覚悟

争いを調停する島の文化

内田　今の日本の現状がある程度、近隣諸国と似てきているんでしょうか、最近、中国、韓国、台湾でぼくの本が結構翻訳されているんです。『十四歳の子を持つ親たちへ』（新潮新書）は台湾語訳が、『日本辺境論』（同）は韓国と中国で翻訳が出ました。興味深いのは、韓国で『若者よ、マルクスを読もう』（かもがわ出版）が出版されたこと。長らく反共法[*1]があって、マルクスの本を読むことさえ禁止されていた国ですから、マルクスとは何者か、マルクス主義とはどういう思想かがよくわかっていない。社会学や政治学の専門家は知っているのでしょうが、一般の読者に「マルクスっていうのはね」というカジュアルな説明をする人が韓国にはいないんだそうです。

光岡　専門家に特化していたのですね。

内田　マルクスを読む国と読まない国の違いは、結構大きいと思います。アメリカ人はマルクスをあまり読まないでしょう。

光岡　ああ、そうですね。もう共産主義に対して嫌悪の先入観がありますから。

内田　アメリカ共産党は一時期ずいぶん強力な組織だったんですよ。アメリカに共産党があったなんて、今の若い人は知らないでしょうけれど、結構歴史は長いんです。労働組合も強かったし、過激派による爆弾テロもあった。だから共産主義者の弾圧もすさまじかったんです。もし、アメリカ共産党があんなふうに過激化しないで、もう少し幅の広い活動をしていて、マルクス主義者がアメリカの政・官・財あるいは学界や文芸の世界でのメインストリームになっていたら、アメリカは今と全然違った、もっと「大人の国」になっていたかもしれません。

「赤狩り」を行なったマッカーシー[*2]が後代に与えた影響はとても大きい。アメリカのある種の選択肢をまるごとひとつ潰したわけですから。

光岡　そういう社会の大きな流れを変えようとする知識人の働きもなくなった現在では、アメリカにおける知識人の役割は、ステータスの確保でしかないですね。今のポジションを絶対に譲りたくないわけです。本当に民のためを考えると言うならば、自分の銀行口座からお金をおろして、全部それを使うわけだけれども、それは絶対にしたくないという前提で、みんなの幸せについてあれこれ言うわけでしょう。共和党にせよ民主党にせよ、そこは共通しているわけです。

内田　アメリカの場合は、ロックフェラーにしてもカーネギーにしても、立志伝中の大富豪は、その後必ず学校や図書館や美術館を建てたりして、贈与しますけれど、一般人はまず自己利益の確保が最優先ですね。

光岡　大金持ちの寄付も彼らの財産からすれば、傷がつかない程度のものです。自分の財産の半分はそういうことに貢献しようというわけでは、多分ないでしょう。

内田　アメリカには「施しの文化」がないんですか。

光岡　ひと口に言えませんが、民間ではやっぱりあるんですよ。社会全体として見たときにそういう行為が浮上してこないだけで、民間にはあります。

すごく感情的な文化ですから、相手のことを思ったり、相手の感情のことを慮《おもんぱか》る振る舞いは日常の中でよく見かけます。けれども、これを政治に持ち込むと問題です。自分が気づかないうちに自分の感情論をまず前提に持ってくる。すると、自分の感情や理屈ありきの他人の感情になってしまって、他人の感情や理屈ありきの自分の感情じゃなくなってしまう。

つまり、本当に隣人を案じるのであれば、自分の感情を論理的思考によってある程度抑えておきながら相手の感情を考えますよね。それが本来の感情論なわけです。そこができる人、できない人が民間ではやっぱり入り混じっているわけです。

感情論にはふたつあって、ひとつは「私の感情を自由に表現していい」というもの。もうひとつは、相手の感情、相手の気持ちをよくよく考えてあげるために、「自分のことはとりあえず脇において、相手がどうしたいか、相手の気持ちをよく聞いてあげる」があります。前者は善意の押しつけになりがちです。後者の人が国内外でさまざまな支援活動や救助救済活動をしていますよね。

内田　ハワイはそういう本土の文化と距離があるんでしょうか？

光岡　ハワイはアロハ文化といって、来る者拒まず、去る者のこりなさいという感じです。

内田　わりとおせっかいなんですか、アロハ文化は。

光岡　一度、家の敷居をまたいだら家族だ、みたいな文化ですよね。とりあえずこっちへ来て飯食えと。そこから会話が始まります。

内田　それはいい文化ですねえ。

光岡　どれだけ満腹でも勧めてくる。

内田　ホスピタリティの文化なんですね。

光岡　日本がアメリカやイギリスに乗っ取られていたらハワイのようになっていただろうなという印象を受けますね。ハワイは相手を受け入れるところも、日本とちょっと共通するところがあります。もう少しハワイの方が生な感じがありますけど。原初的な日本という感じですね。

いろんなものが混在しているのも日本と似ています。武術もそうで、空手と柔術と拳法とボクシングをミックスさせたカジュケンボーなんかいい例ですね。先述のいきなり金的を蹴ってきた流儀ですが、これは簡単に言うと、体が丈夫で大きくて力が強い人が生き残るという体系で、練習の初っ端のイニシエーションとしてはリンチに近いこともします。百数十キロぐらいあるようなハワイアンが中高一本拳《なかだかいっぽんけん》で腕立て伏せをして鍛えていて、「頬骨をここで殴るといいんだよ、すぐ壊れるから」と言ってました。彼は両手の人差し指と親指で二十五セント硬貨を持ち、ぐにゅぐにゅと曲げていましたね。

内田　もともと何もやらなくても強い人なんじゃないんですか。

光岡　そうです。多分、技術と関係ないと思いますよ。あと拳法系で言えば、初期の移民の中に、中国武術系拳法のプロフェッサー・チャオ[*3]や沖縄系拳法のジェームズ・ミトセがいました。

チャオの教え方がおもしろい。彼は小柄で鷹のような目をしている人で、中華系の移民二世でジェームズ・ミトセから拳法を学び南方の拳法も学んでいたようです。肘から指先を鋼鉄みたいに鍛えあげていたそうで。稽古の本番は道場ではなく、ひと通り終わった後、「よし、酒場に行こう」と言って、酒場でハワイアンとかサモアンにケンカを売っていました。それが稽古だとチャオの弟子たちは口をそろえて言ってました。

それで思い出したんですが、ふだんから一緒に練習をしていたジェームズという友人と二十四時間営業のドライブインによくご飯を食べに行っていましたが、ここのパーキングで深夜酒場から帰る人たちとの間で問題がよく起きました。

内田　他流試合が始まってしまうんですね。

光岡　はい。ご飯を食べようと店の中に入っていったら、ジェームズが来てない。何か騒がしいので外を見たら、ジェームズが三人か四人ぐらい相手にもうケンカを始めている。後日、ジェームズが言うわけです。「つかまえた相手に馬乗り状態になっていたら、後ろから誰かが殴ってきたんだ。後頭部を拳で殴られたと思っていたら、それが金属バットだったんだよね」。

バットで思い切りスイングされていたんですが、彼は「何かコツコツ拳で殴られたな」くらいにしか感じていない。ジェームズは典型的なハワイアンで、カメハメハ大王みたいな体格をしていました。腕の太さが私の足くらいある。すぐケンカしちゃうんだけれども、でもなかなかすごいなと思うのは仲直りもすごく上手なところ。「悪かったな、あのときは。でも、しょうがないだろう。おまえが殴ってくるんだから、オレも殴るしかないだろう」みたいな話でまとめる。

内田　争い方もカジュアルで、あまり湿っぽくないんですね。

光岡　島だからそういう能力が養われたのかもしれませんね。要するに部族同士で争った後に、因縁を残さないよう、ちゃんと話をつけられるように自分たちでしないといけない、という考えを内在して持っているのかもしれない。だから、結構ひどい争いの状態になっても、とにかく話し合いに持っていける。

内田　でも、先生のお話を聞いていると、ジェームズさんという人は、事を好んで起こしているという感じがしますね（笑）。光岡先生は、そういう修羅場を通じて、ある種の人間的な能力を勉強していくというか。きな臭い経験をされることで、道場で学ぶのとは違う感覚を養われたと思いますか。

光岡　そうですね。やっぱりああいう緊迫感だとか、とっさの判断をその場でする感覚は道場では学べないですね。状況判断と行為が一致しないと遅れを取るわけです。相手とのやり取りを切り抜けられても、警察に捕まったらまたダメなわけですから。

もっとも現場にいたときは、そんなに生々しさは感じなくて、内田先生の言うように、ちょっとカジュアルな感じなんですよね。

内田　つまり微妙に暗黙のルールがあるから、殺し合いまでには至らない。

光岡　ちょっと日常的な感覚から、ブレンドしてそういう争いの状態に行って、また平静に戻ってくる。

内田　どこかで「これ以上やったら危ない」というブレーキがかかるんですね。

光岡　ローカルボーイ同士のケンカはだいたい疲れ果てて止めます。やじ馬の中から、「もうそろそろいいだろう。止めよう」と言う人が出てきて、お互いを引き離すとか。

内田　なるほどね。それは文化ですよね。暴力の質が違いますよね。話を聞いていてあまり陰惨な感じがしませんね。執拗に相手を狙って、寝首をかくみたいな話じゃないんですね。

光岡　そうなる前に交渉して、ふたりの間で何とか解決に持ち込もうとする。その場その場で解決してこじらせない。

内田　光岡先生が言われるように、やっぱりそれは島で、外に逃げようがないという条件から出てきたことなんでしょうね。結局、折り合うしかない。折り合いのつけ方についての技術は発達しますよね。

日本も本来は島国だから、ハワイと同じように折り合う政治技術は、文化としてあったと思うんです。自分の権利がどうとか、自分に正義があるとかあまりガタガタ言わないで、誰かが出てきて「まあ、ここはオレの顔を立てて引いちゃくれまいか」みたいなことを言うと、その調停役の面子を立てて矛を収めるとか。「三方一両損」とか、かなり精妙なトラブル解決の技法があったはずなんです。そういう技術が今は失われていますね。トラブルを解決する方法を知らないで、権利意識だけは先鋭化している。これはかなり危険なことですよね。

自分がいちばん嫌いなヤツと仲良くなること

光岡　そこで問われるのは、まずは日常の自分ですよね。たとえば、「こいつとだけは話したくない」というのは絶対誰しもあるじゃないですか。内田先生にもいると思うんです。あいつは嫌いだから仕事したくないとか。でも、自分でもわかるのは、「この人といちばん仲良くならないとどうにもならないんだ」ということですよね。

内田　うーん。

光岡　けれども、結局そうじゃないですか。敵対する人と何とかするということがトラブルシューティングの政治的技術の真髄であるならば、それは日常で言う自分がいちばん苦手で嫌なヤツと仲良くなることから始まりますよね。もう相手の首を斬り落とすか、仲良くするか、どっちかみたいなところに自分を持っていかないと、仲良くできないのかなと思いますよね。実際斬り落としちゃったら呪術とか警察とか何かと問題あるわけだから。

内田　仲良くする動機づけって何ですか。
光岡　それはお天道様ですよ。お天道様が、「あんたら何百年前からの因縁があるんだから、そろそろ仲良くしなさい」と言っているわけです。
内田　この縁をいただいたということですか。なるほど。
光岡　ハワイにクリストファー・リー・松尾*4という人がいて、彼は私の道場でも稽古していた人なのですが、彼なかなかすごいなと思ったエピソードがあります。
ある日、クリスが何気なくビーチを散歩していたら、酔っ払って、もうやけくそになった感じでナイフを振り回している男がいたんだそうです。
クリスは最初、気づかなくて、何で周りにみんな人がいないのかなというぐらいにしか思ってなかったらしい。歩いていたら、横にすっとナイフを持った人が現れて自分を見ていた。そしたら、相手とぱっと目が合った。間髪を入れず、クリスはこう言ったんです。"Hey, you remember me?" 覚えているかい？　と。
内田　ああ、それはすごいや。
光岡　相手は、「ああん？」という感じで睨めるように見たらしい。クリスは "Oh, it's me. You remember at the party?" パーティで会ったじゃないかと。ハワイは毎週どこかでパーティしているんです。そしたら相手が“Oh!”と言った。片手にはナイフ、もう片手には紙袋に入れたお酒を持っていて、かなり危ない状況ですよね。

クリスは“Yeah, it's me”と少しずつ距離を詰めていった。でもナイフを取り上げるんじゃなくて、相手に下げさせて、“Hey, what's up, bro?”と言ってハグした。相手も「あれ、こいつオレのこと知ってるのか」と思い始めたらしく、「ガールフレンドとケンカして、もう世の中どうでもいいんだ。彼女の浮気した相手を殺してやろうと思ってナイフを持ってたんだ」と言う。

それからビーチにふたりで座って、ずっとその話を聞いて、ああ、そうかそうかと。聞き終わった後、“OK. Bye. See you, again”って、また会おうねって。相手はもうナイフをしまってちょっと落ち着いていた。

内田　いい話ですねえ。

光岡　そういうのがいたと思えば、ジョン・ファースト[*5]やダニエル・マンタノナ[*6]は、ある夜、街中を運転していたら、道路に飛び出してきた人がいた。ひきそうになったからビーっとクラクションを鳴らして、「危ないだろ」と怒鳴った。そしたら相手はどうも（薬物で）ラリっていたようで、ナイフを持って向かって来た。そしたらジョンとダニーが飛び出して、ケンカになった。
そこでジョンはわざとかわざとじゃないかわからないけれど、相手が腹を目掛けてきたので、刺されたらまずいと思って、自分の手と太股でナイフを受けた上で足にナイフを刺させておいて、そのまま殴り倒したそうです。そういうナイフ術もあるんですね（笑）。
内田　なんかもう両方すごいですね。
光岡　どちらもとっさの判断ができたというところで、評価しましょうとは言ったんだけど。
内田　甲野善紀先生からうかがった話ですけれど、甲野先生が以前、町中で見ず知らずの人にからまれたときに、にこやかにほほえみかけて、「お母さん、お元気ですか?」と言ったそうです。相手が虚を衝かれて「えっ?」と眼を泳がせているうちに、すたすたと歩み去った。これもとっさのことですよね。ほんとうに「お母さん、お元気ですか?」と思っていないと、自然にそういう言葉は出てこないですもの。これってクリスさんの“Remember me?”とよく似ていますね。
光岡　日本人にはクリスや甲野先生の話の方が受けるけれど、アメリカ人にはジョンの話の方が受けるんですよね。
内田　（笑）。そうなんだ。

意拳における自然とは何か

光岡　最近、練習でみんなと一緒に着目していることがあります。それは感情とかいろんな気持ちを収縮していくことです。

怒りとか断片的な感情は拡散しやすいのですが、これを自分の中に溜めるのではなく、収縮させていく。貯蔵するのではなく、現在進行形で集めていく。そうするとこれがすごい純度の高いエネルギーになってくる。どの方向に動いてもそれが作用するようになってきて、いつでも発動できるようになっていく。まあ、これは韓氏意拳の稽古なのか、私の稽古なのか、よくわからないんですが。

ここで言う収縮して身体が整うとは、縦の感覚での整いです。人間は前後左右の感覚に偏って出過ぎたり、引っ込み過ぎたりしがちなんですが、縦には抜けたり詰まったりはあっても出過ぎたり引っ込み過ぎたりがありません。

内田　おもしろいなあ。いや、光岡先生が何を言っているかまったくわからないんだけれども（笑）。明らかな身体的な実感があった上で言っているというのは、よくわかります。

韓星橋から指導を受ける光岡

光岡　たとえば、前後左右に拡散するというのは、「相手を殴ろう」とか「こうすればうまくいく」という気持ちのはみ出し方と身体性が関係しています。それらを全部縦に集めていく。身体のそういうざわめきを全部自分の中に整えまとめていく。すると、触れた相手は私の動いた方向に振り回されることもある。

でも、そうした現象を見て、同じ結果を求めようとしても絶対に起きないんです。だから、これは技術じゃない。技術にしてしまうとこの現象は起きない。

こういう感覚を自分のところへ導くのが意拳の練習です。自分をどこに取りまとめていけばいいかわからないと、基点となる部分が自分の中にないわけですから、技術に走らないといけなくなる。腕を持たれたからこうするとか。

　意拳の練習は、形体訓練や站椿、試力[*7]を通じて、自分の気持ちと身体のずれを見ていきます。気持ちが出てしまうと自分の身体が遅れてしまうし、身体が出てしまうと気持ちが遅れてしまうから、それが常に流れの中で〝今ここ〟に一致するように見ていく。自分を感覚的な部分と身体的な実に戻しておく。その辺が、感覚が出過ぎたり、身体が出過ぎたりしてしまうと伴わなくなります。

内田　それが自然体というものですか？

光岡　自然体とは何もしていない状態から、いかに自然に動いていくか。身体がもともと持っている本来の特徴から外れない状態のことだと思います。普通は技術を中心に稽古しますよね。技術から抜けだせた流儀。人の身体の自然というところから始められた流儀が韓氏意拳です。

　ただ現代人にとってこれは大変です。いきなり原始時代に身体だけ戻れと言うようなものだから。これだけ文明の発達した世の中で、技術以前の話をしようとするわけだから、生活で培った意識や身体とのギャップがものすごく生じる。

　誤解してはいけないのは、これは実質的に自然に還ることで観念論じゃないということです。宗教でも自然を神として崇めるわけで、だから観念としての自然は人間の歴史のどの時代にもあった。意拳の場合、観念ではなく、こうして存在している個が自然であるかどうかに話を持っていくわけです。実際は個々の等身大でしか話は進まないわけですよ。

　意拳が代々あまり普及しないという理由もそのあたりにありますね。中国には長い文明の歴史があって、技術の歴史があって、積み重ねてきた時間があって、そこを急に身体性だけタイムトラベルしようと言うのですから、なかなか難しい。

　要するに文字以前の世界に戻ることが人間には耐えられない。言語は私たちを忙しくさせてくれるし、寂しさなども紛らわせてくれる。それをもとの寂しい時代に戻れと言うのは酷な話で、だからと言って中途半端な所に戻っても反動がすごくあるでしょう。本来の自然の虚無感に、人間は耐えられないから。

内田　それが意拳が普及しなかった理由なんですか。

光岡　そうですね。「私はどうしたらいいのでしょうか?」という質問に、「こうすればあなたは救われます。大丈夫です」と言われる方が安心感ありますよね。でも、「実は私もあなたが救われるにはどうすればいいかわからない。あなたを救う技術も方法もありません」。本当のことを単刀直入に言うのが意拳本来の教えです。

　今の暮らしでは、社会的共存ができる言葉の方にリアルさを感じるでしょう。操っているこの言葉自体をリアルに感じて、あたかも内田先生とコミュニケーションを取っているように私は思うわけだけど、実際のところは言葉以上のコミュニケーションがこの空間で行なわれていて、この場での結びつきやつながりは言葉以上のものがあって成り立つのであって、それは言葉ではどうあがいても説明できないものですよね。

覚悟を稽古する

光岡　最近よく言うのは、必然性を招く稽古をするということです。必然性を予めつくっておくのではなく、向こうから勝手にやって来た必然性を招けるかどうかを稽古しなければいけない。これは大変難しいです。

たとえば、私が背後にまわした手にそれぞれペンとナイフを持っているとします。どちらかを内田先生にパッと差し出す。それがペンだとして、大げさに反応したら事態に添う反応という意味ではふさわしくない。ナイフだったら危ないものに適した格好で反応しないといけないわけですよね。

ペンかナイフかのどちらかしかないけれど、こんな単純なことでさえ予測がつかない。武術における必然性はこういうもので、やって来たときに自分がどうするかが問われる。ペンにはペンの、ナイフにはナイフに対する必然性があって、双方の必然性をうまく招ける稽古ができるか。それが韓氏意拳の学習の醍醐味でもありますね。

内田　韓氏意拳では、その訓練体系は確立されているのですか？

光岡　はい。個々ができるかどうかは別として確立されていますね。それは王薌齋から韓星橋、韓競辰に至る三代の中で答えを出さずにいたという事実があるから、確立されていると私は言えます。彼らは結論を出さずにいられました。結論を出している人は必然性を招けません。結論が出ていたら、自分にとっての必然性はつくられるわけだから、現実と関係のない「こう来たらこうする」という論理やシミュレーションの世界に戻ってしまう。

必然というのは、向こうから勝手にやって来る。それは良い悪いではない。選びようもない。だから、それがやって来たときに、自分の中のどこを見るかということを稽古しないと、そのときになって慌てたり、過去にすがったりしてしまう。自分の内面のどこを見るかというところを稽古しないと、それと向き合うことはできません。要するに今まで通用していたことが通用しなくなりました。で、どうする？　という見きわめができるようになるには、自分が見ている目を磨かないとまずできません。ふだんの稽古とは、そういうものだと思います。

自分の見ている、嗅いでいる、聞いている、味わっている、触れている世界。そうして感じている世界を見る目や耳や鼻や口やそれら自体も磨いておかないといけない。だから、自分から外に出るのではなくて内に戻っていく。自分の方へと戻していく。

内田　ぼくはセルフモニタリングというのが大事だと考えているんです。合気道の呼吸法がそれに当たると思います。深く呼吸しながら、自分の内側に入っていって、全身をくまなくモニターする。「スキャンする」と言ってもいいかもしれません。

ふだんの暮らしだと、社会生活は自我がベースですよね。もうこれ以上は後がない分割不能の自我がまずあって、それが判断したり、行動したりしている。そういう図式になっている。自我を分解して、その中身を要素的に点検するということは普通はまずしません。「むかつく」とか「気分いい」とかいうあたりが最終ラインで、それ以上中には入り込まない。でも、「むかつく」ひとつにしても、身体部位のどこにどういう病状があるのか、心の動きのどこにどういう詰まりやこわばりがあるのか、さらに腑分けして点検することは本当は可能なわけです。でも、「オレが、オレが」というふうに自我がのさばっていると、仮に痛みや不快があっても、それを身体の内側に踏み込んで精査するということはできない。

光岡　自分の内面を見ていくにもふたつの方法があって、ひとつは頭で身体を見ていくという方法。もうひとつは、身体で身体を見ていく方法があります。人間には、この両方が内在しているから、ふたつの見分けがつきにくい。

つまり自分が頭で身体を見ているのか、自分の身体で身体を見ているのかがわからなくなる。実際、武術においては身体で身体を見ないといけないのは、外の世界とのつながりで私たちは何かを感じているからです。たとえば、相手がやってきているのに、「今の私はどういう感じだろう」と頭で身体を見ていたら殴られたり斬られたりするわけです。

そうではなくて、その状況において自分がどのように感じているかというところに目を常に向けておかないといけない。その状況に置かれたときに、自分の内のどこを見るべきなのか。その視点を持っていないと、いまだかつて体験、経験したことのない出来事が目の前にぽんと現れたときに通用しないわけです。

武の前提は何でもありです。たとえば今の中国が核兵器をどんどん装備していったとする。その時「ちょっと待て」と言ってもどんどん武装していく。こっちの「ちょっと待て」は通用しないわけです。「原発を再稼働しないでください」と言っても政府はするわけです。本来は、その何でもありの中でどう動くかを学ぶための武術ですからね。それにしても、あの決定は結局、誰が決めたんでしょうか。

内田　誰が決めたのかわかりません。と言うより、わざとわからないようにしているんですよ。誰が最終決定を下したのか、誰が責任を取るのかということを曖昧にしてある。これほど重大な国策の決定であるにもかかわらず、「私がこういう根拠に基づいて、こう推論して、こう決定しました。その判断の適否については私が全面的に責任を取ります」ということを言う人がいない。総理大臣の決断も要するに「諸般の事情をかんがみれば」です。でも、その「諸般の事情」はころころ変わる。空気が変われば政策決定も変わる。変わった後に「諸般の事情により、さきの決定はなかったことにします」と平然と言う。すさまじい無責任体制だと思います。

光岡　問題が大きい分、見たくないところもまた多い。それゆえの無責任かもしれないです。たとえば生活にどんなに問題があっても、とりあえず映画館へ行って楽しい映画を見ていたら、その間は直面しているつらいことや苦しいことを考えなくていいわけですよね。シミュレーションをつくっておくというのは、人の防衛本能にかかわるところで、それはそれで仕方ない。でもそれがあまりにも過剰になり過ぎると単なる現実逃避で、実際の危機が迫っていても対応できなくなりますよね。

内田　政治家も財界人も、現実逃避してますね。本当に自分たちが直面している問題を見ないで、とりあえず自力で処理できる範囲の問題に話を矮小《わいしょう》化している。結局、大飯原発再稼働の問題も、最終的にはお金の話でした。再稼働をしないと電力料金が高騰して、製造コストが高くなって企業の収益が減るからというロジックです。

光岡　大阪市長は何と言っているんですか?

内田　再稼働やむなしですよ。

光岡　最初は反対していましたよね。

内田　最初は「電気は余っている」と言っていたのが、ある日から「足りない」と言いだした。状況が変わったので政策判断が変わるのはいいんです。でも、言うことが変わった場合にも、なぜ後から言った言葉の方が正しいとされるのか、なぜ最新の政治的な意見の方が前回と比べて信憑性があるのか、その説明責任はやはり果たさなくてはいけないと思います。前に誤った政策判断をしたのは、どういうデータを見落としていたのか、どういう推論上のミスを犯したのか、それを言ってくれないと、今の判断を信じろと言われても信じられない。また次に別のことを言いだすかも知れませんからね。「諸般の事情がありまして」では済まされない。

あの人は理詰めで考えているわけじゃない。だから、言うことに首尾一貫性がなくても気にしない。瞬間的な判断力だけでやっている。だから、論点をどんどんずらしていくんです。

光岡　なるほど。でもサモアンには通じないですね。

内田　通じないでしょうね。でも、ある意味、サモアン的でもあるんです。日本の知識人が最も対処しにくいタイプの人ですね。「さっきの話と今の話はつじつまが合いません」というような過去の話には興味がないんです。そのときにはもう次の話題に進んでいて、「いったいいつの話をしているんだ。目下の緊急の問題はこれだよ」とずらされる。それじゃ追いつけないですよ。手ぶらで走っている人間の後ろから、その人がこれまでしゃべった言葉を全部荷物にして抱えて追っていくわけですから。

それでも周りにいる中高年層がかなりの率で「彼はいいね。突破力がある」とか評している。人を見る目が劣化したなと思います。たしかに彼は新しいタイプの政治家ではありますけれど、統率力も包容力も想像力もない。雄渾《ゆうこん》で風通しのいいヴィジョンもない。本来、上に立てるタイプの人じゃないんです。でも、そういう政治家が現に国民的なポピュラリティを獲得している。日本の精神的混乱は危機水域に達しているなと思います。

簡単な話に気をつけろ

内田　日本も混乱しているし、アメリカも中国もＥＵも全部混乱している。世界は本当に一寸先は闇です。これだけ混乱してくると、新しい情報を入力して、起きていることをきちんと理解して、次に打つべき最適政策を選択していくという仕事が、もう一般の市民の知力の限度を超えてしまっている。そうすると何が起こるかというと、「話は簡単なんだ」と言う人にすがりつく。「オレは全部わかっているから、オレが全部解決してやる」というありえないことを言い募るリーダーの登場を待望するようになる。

光岡　まあ、そうですね。

内田　「諸悪の根源はこれである。だから、これを排除すれば全部解決する」というタイプの恐ろしいほどシンプルな話に行くわけですよ。岡田以蔵的な、と言ってもいいのかな。とりあえず敵が来たら斬る。後のことは考えない。

光岡　不安になればなるほどそうなります。

内田　不安が嵩じてくると、人間は話を簡単にしたがります。

光岡　簡単にして、とりあえず本当じゃなくてもいいから結論のある人に答えを求めたがる。事実じゃなくてもいいから、願望に沿った結論を言ってくれればくれるほど、大衆はそれを支えようとするわけです。特に過去の共同幻想に沿ったプロパガンダには皆そろって同意を示すのです。

確実にそれが自分の現実の首を絞めるとわかっていても同意する人も出てくる。潜在的に「それはまずい」と感じるところはあったとしても。余裕のない事態が重なってくるうちに、いろんな情報が覆いかぶさってくるから、「まずい」と感じたことが消えてしまう。情報化社会では知識の方を重んじて、その人自身の感覚を重んじられないようになっているから、理屈で言われたことの方を優先してしまう。ちょっとまずいな、おかしいなと感じたことを、理屈で「いや、そうじゃない」と覆いかぶせてしまう。

内田　そうですね。

光岡　そのような人が言っている理屈と自分の中の感覚を否定するための論理がうまく合わさってしまいます。でも、直感で潜在的には、「いや、これはどう考えてもおかしい」と感覚的にはわかっているけど一見整合性ある論理や理屈の一致で、それを否定してしまう。

身体が感じていることを頭が理解するプロセスと、頭が命令したことを身体で感じるということの問題点とも関係しますが、実際に身体で感じていることを頭で理解しないと問題が生じます。身体の方が「腹が減った」とか「寒い、暑い」などと感じてわかっているわけですから。頭は必ず身体が感じたことを事後に認識します。

情報化された社会の知識を人間の身体感覚や存在そのものよりも重んじるような社会になっ

ているわけです。そこに疑問を持たない限りまずいでしょう。

大阪市長のような人物が出現するのもある種の社会現象で、ああいう人が出てきて支持されるのと原発の再稼働は、一見関係がないようだけれども、どう考えても現代社会に住む我々の精神構造や思考構造とつながっていますよね。

要するに夢を見ていたい人が多いということで、見ている夢にまどろんでいれば、現実にある問題は見ないで済むんじゃないかという幻想への逃避です。こっちを見ておけば、あっちを見ないで済む。だから安心だ。でも、どちらにせよ着々と現実は進んでいるわけです。夢とは関係なく。

内田　日本の現況は本当に危険だと思います。フランスは大統領がサルコジからオランドに代わって、ちょっと足を止めて、これまでの流れのままでいいのかどうか考え直そうという気運になっている。アメリカもオバマが再選されて急激な変化はないでしょう。中国の指導者交代も多分それほどの摩擦なしに行なわれるでしょう（編集部註：二〇一二年十一月、習近平が中国共産党総書記に）。その中で、日本だけが異様に浮き足立っている。

何年か前から日本は「知識基盤社会」ということを提唱しています。「知識基盤」というのは、数値化されて、パッケージされた知識を社会活動のベースにするということです。もうすでに商品化されたものに基づいて社会を構築するという話です。これは非常に危険なことだとぼくは思います。

「何となくそう思う」とか「ちょっとそれはまずいんじゃないの」といった、どうしてそう判断したのかわからないけれどそう判断したという直感が本来は社会制度の基盤になっていたはずなんです。知識はその土台の上に、「どうしてそう判断したのか」を説明するために展開したものです。知識基盤社会というのは、この前・言語的、前・論理的な「生きるための知恵と力」を無視するものです。本当は「直感基盤社会」でなければならないんですけど。

光岡 知識や情報というのは過去知でしかない。だから知識や情報は決して未来の確定にはつながらない。感覚しか一寸先を読むものはないわけです。自分が論理的に組み立てられる、その枠の外にしか、未来で起こり得る可能性を読むことはできない。

そこで課題になるのは、私たちの知りたい未来は、きわめて抽象的な存在だということです。それについて知り得ることは、「今まで」に知り得たことを以ても「未来はわからない」ということだけで、それは誰しもわかっているわけです。

一寸先は闇の状況に置かれて、過去を頼る人の方が多いというのもよくわかるんですよ。要するに今まで体験的に「こうしてきたからこうしましょう」という方に気持ちが行きたいというのもよくわかる。

でも、そうするといまだかつてないことを体験する可能性が失われる。どうせ知識や論理から物事をとらえるのであれば、そういう未来の可能性へアクセスできるようにしたいですよね。そうでないと過去の使い古し、使い回しで事に当たろうとするわけですから。知識や情報といった古いものの使い回しでは、未来どころかいまにさえ生きない。もちろんこれはいわゆる歴史や伝統を単純に否定するということではありませんが。

「頭で作った感情」が跋扈《ばっこ》する日本

内田　いま日本のネット右翼が、日本の現状の「諸悪の根源」として攻撃しているのは在日朝鮮人・韓国人です。ネット右翼が展開している陰謀史観を彼ら自身がどれほど信じているのか、ぼくにはよくわからない。多分それほど信じているわけじゃない。でも、当人たちが信じていないことでも、繰り返し語られると政治的な力を持つことがある。「悪をある社会集団に局在させる」という説明はどんな社会でも一定の支持者を得るからです。

本来の日本は美しく豊かな国だったけれど、そこに「外来のもの」「穢れたもの」がやってきて、それを汚してしまった。この外来者を特定し、抉り取ってしまえば、社会は起源の清浄を回復するであろう、そういう話です。集団統合のために、スケープゴートを探し出して、そこに穢れを集約して、野に放つ。「供犠」という人類と同じくらいに古い集団統合技術ですけれど、これも光岡先生の言われる「過去知」ですね。こういう手法でかつて集団の統合を果たした先例がある。だから二十一世紀になっても持ち出している。

光岡　過去知といったところで、常に中途半端なんですよね。あなたの祖先は大陸から渡ってこなかったのかという話です。本当に起源を問うならとことん詰めて、遺伝子レベルまで調べて、どこから私たちの祖先がやってきたか。我々と外部、つまり日本人の境界を問うならば、日本人の由来を徹底的に調べないと話にならないでしょう。

内田　そうなんです。国民国家としての日本だって、まだできてわずか百五十年にしかならない。それまで「国」といったら、お殿様がいて、お城があって、人々が「お国なまり」で話す地元のことだったんですから。「お国」の上位概念としての「日本」という言葉がある程度リアリティを持ったのは、せいぜい幕末からですよ。日本国とか日本人なんていうものがまるで古代から実在していたかのように思っている人はあまりに無知です。だから、彼らの愛国心というのは身体実感じゃないんです。頭でこねあげた人工的な感情なんです。他人を攻撃し、自尊感情を高めるための功利的な道具なんです。でも、頭でこしらえあげた作り物の感情がこれほどまでに流布したのは前代未聞じゃないかと思います。

それだけ身体性が衰えている。身体実感の裏づけのない言葉がぺらぺらと口に出され、それによって人工的に作り出された怒りや憎しみや嫉妬といった感情が本人にはたいへんリアルに切迫してくる。

精神科医の名越康文先生によると、今の日本人が共有しているのは、明らかに怒りなんだそうです。日本人には、文脈的に理由もなしに怒り出した人に関しては、とりあえず丁寧に扱うという文化的伝統があるんだそうです。だから、怒りの感情に身を任せて、怒りを暴発させると、一時的に周囲の人々に気づかわれ、ある種の社会的な力を行使することができる。「怒れば、周囲からとりあえずは配慮される」ということを人々がある種の経験知として獲得してしまった。

だから、ことを有利に運ぼうと思う人はとにかく怒ってみせる。「世渡り術としての怒り」です。まず「怒ると得をする」という経験知があり、それに基づいて「怒り」の感情表現が選択され、最後にそれにふさわしい「怒り」の身体実感に手が届く。順序が逆になっているんです。本当なら、まず身体実感があり、感情表現を経由して、「この身体実感は何を意味しているのか」が知的に確定されるはずなんです。それが逆転している。怒りが現在の日本人の痩せ細った身体に宿る最後の感情だというのはまことに哀しいです。

光岡　でも、そんな付け焼刃の処世だったら中国人には絶対勝てませんね。いきなり怒るというのは、兵法としてあの人たちに組み込まれています。ちょっとした交渉でもすぐ怒ってみせますからね。処世はまだいいんですけれど、怒りに任せて衝動的に何かをやってしまうのが厄介ですよね。

内田　少し前に、どこかの駅頭で肩がぶつかったとかいう理由で、背後からいきなり男がナイフで刺したという事件がありましたね。肩がぶつかったくらいのことで、いきなりナイフを出すほどに「怒る」というのは、ちょっと異常な状況だと思うんです。

光岡　私たちはナイフなどを見ると短絡的に「凶器だ」と考え、それを遠ざければ問題がなくなったと思いがちですが、刃物はもともとは草を刈ったり、鳥を捌いたりといった生活道具から始まっています。道具から凶器になり、そして武具になった。

たとえば鍬《くわ》も百姓一揆になれば凶器になるわけです。そういう状態だと、「とにかくやってしまえ」と勢い任せになるから凶器になります。でも、そうやって人を殺すと、狂気ゆえの凶々しさがあるというか、後味の悪さが残るわけです。「やっぱりそういうふうに人を殺してはいけないな」と人の良心が感じるわけです。そこで初めてちゃんとした扱い方を学ぼうということで、武具になってくるわけですね。

内なる暴力性を丁寧に扱うこと

内田　凶器を否定するのではなく、武具として扱う術を作り出すんですね。

光岡　はい。より殺傷方法や殺傷能力が上がれば上がるほど、武具に対して丁寧でなければならなくなります。そこで自然と相手に対しても丁寧になります。そうでないと正確に相手を殺《あや》められなくなりますから。つまり扱いが下手で道具を凶器にすることにしてしまうから、人を何十回も刺して殺したりする。武具の場合は、すぱっと一刀のもとに急所を外さずにやるわけです。少なくともそれが前提になっています。狩りもそうですよね。

内田　マタギは一発で心臓を射つそうですしね。

光岡　そうでないと失礼ですよね。無用な苦しみを与えるわけですから。それが武における覚悟にもつながってきます。武においては武具を扱うことが凶器にすることで終わってはいけない。自分を見るための武具として扱えるかが問われる。だからギリギリのところでも抜かない。

できる人の方が殺傷能力はよくわかっていて、どう殺められるかもわかっているから逆に抑制が利くわけです。

危ないかどうかわからないと人間は好奇心があるからすぐに試してしまう。子どもを見ているとわかりやすいですね。おもちゃでも「なんか外れそうだ」とすき間を見つけたらすぐに外したり、壊したりしますよね。壊れないとわかったら丁寧に扱う。子どものそういう知りたいという欲求はすごいですね。内田先生もされたと思いますが、子どもは虫を捕まえてバラバラにしたり、カエルやセミに爆竹をつけてふっ飛ばしたりする。カエルの解剖実験もそうですが、どう死んでいくかを見たいわけです。

内田　ぼくはカエルの内臓配置なんかあまり知りたくないですから、そういうことはやりませんでした（笑）。でも、そういうのが好きな子って必ずいますね。

光岡　子どもには、そういう残酷さがあります。

内田　十四、五歳ぐらいまでの男子には抑えきれない暴力性がありますよね。

光岡　うちの子の場合、娘の方がブレーキがかかるのが早かったです。虫を踏んづけて殺していましたが、何度かやったら止めました。「何かまずいことをしている」と感じていたみたいですね。

内田　子どもは無垢で暴力性がないという神話がありますね。神話は神話として大事なので、それを否定することはしませんが、それはあくまでそうあってほしいという神話であって、子どもにも暴力性はありますよね。

光岡　人間と暴力は切り離せないので、そこに老若男女は関係ないですね。

内田　だからこそどうやって暴力を統御するかという問題は、リアルでクールな技術知として語られるべきだとぼくは思うんですけれど、実際にはそうなっていない。現実的には、暴力をいかに抑圧し、処罰するかという話にしかならないし、漫画や映画の世界では、逆に暴力が無制限に暴発するばかりで、暴力を制御できている人間というのはほとんど登場しない。

光岡　統御とは本能に対してのことだと思いますが、西洋と東洋とではそこが違います。西洋では本能は暴力的だからということで理性を対置させ、ロジックやコモンセンスで統御しようとする。つまり暴力を理性との対比で捉えてしまった。ここに大きな問題があると思います。

一方、東洋では「良知良能《りょうちりょうのう》」[*8]という考えがあります。良く知り、良く能う。良能とは聞きなれないかもしれませんが、これは本能の暴力性はそもそも否定のしようがない。生命を保つためには必要不可欠な働きだというものです。本能は人間の生命を支える上で、すごい勢いを持って働いていますが、それは自分でどうこうできるものではない。腹が減ったり、大小便の欲求が生じたり、眠くなったり、異性に惹かれたりと、良し悪しを問えない本性から与えられているが故に良きこととしか言いようのない働きが本能にはあります。ただし見境もなく暴走することもあるのでそのことも良く知っておきましょう。それが良知良能です。

内田　本能と理性という対立関係ではなくて、良知と良能が相互関係になっている。

光岡　はい。暴力的である自分を認めた上で良く知っておきましょうということですね。理性は善で本能は悪として、理性で本能をコントロールしようとしても、絶対うまくいかない。なぜなら生命の前提が本能の働きと不可分ですから。理性のような格下が生命や本能といった格上を何とかしようと思ってもうまくいくわけがありません。

内田　韓氏意拳の言う自然は、本能そのものに還れというわけではないんですね。

光岡　「本能がそうなっているから仕方がない」というのは、だから生命、人為や知識などの役割を理解しようということなんです。人為や本能、生命にはそれぞれの「ものの用」があるはずです。意拳もまた人が為すことのためにあるとするならば、その人為の役割は人の本能がうまく生命の流れを導けるようにしてあげるだけです。人為とは本能と生命に仕えるためにあります。生命の流れ、生きていることを補佐するために本能があり、そして本能をうまく生命へと導き仕える人為があります。だから生命活動の上では、人為の方が本能や生命より偉くなることはありません。
けれども社会性の中では人為の方が偉くなってしまうことがあります。なぜかと言うと、そちらの方が人間同士で概念化し、社会的に共有できますから。

内田　なるほど。暴力性を制御する方法としていちばん効果的なのは武道と宗教だとぼくは思っていますが、どちらも今の日本では、家庭教育でも、学校教育でもまったく取り入れられていません。

光岡　でも、宗教の歴史はすごく暴力的ですよね。武道と言っても突き詰めると殺傷技術です。確かに日本では武道はある程度の社会的地位を得てきました。人を殺めるか殺めないかのところで思いとどまる術としての武であるという前提があったのですが、安全が保障された武術や武道になると、それができなくなります。なぜかと言うと繰り返しやっても死なないからです。けれども斬り合いのリセットはきかない。ギリギリのラインまで自分を持っていけるように稽古を進めていかないと、おそらく武は成立しない。

新しく生まれ来るもの

光岡　宗教について言えば、私は仏教が歴史的に見てすごいなと思うのは、行に徹したところです。托鉢《たくはつ》や説法、問答、座禅、マントラをずっと唱えるのでもいいですが、とにかく行ないや実際の生活から離れないで、宗教観を進めていこうとした。そうすると、ただの概念や論理が先走った、浮き上がった行為や行動にはならない。

内田　そうですね。宗教には必ず煩瑣《はんさ》な儀礼があります。儀礼の効用というのは、ある種の定型に入り込むことによって、ふだんはモニターできない自分の心身の状態の変化が自己点検できることだと思うんです。ほかの条件を全部同じにしないと変化は検出できない。これは自然科学の実験がそうですね。儀礼もそうだと思うんです。毎日、同じ時間に、同じ場所で、同じ儀礼を守る。そうすることによって、「それ以外の条件が全部同じであるにもかかわらず、昨日とは違うこと」が前景化する。儀礼はそういう微細な心身の変化を自己点検するための方法だと思うんです。

武道もそうです。精度の高い身体運動をしようとすると、感情なんか構っていられない。だって、筋肉とか骨格とか腱とか、内臓感覚とか、場合によっては分子生物学的なレベルでの出来事に感覚を集中しようとしているときには、怒りとか悲しみとか嫉妬とかいう感情の入り込む余地がない。エンジンの細かい部品の作動をチェックしているときに「ボディデザインがヨーロピアンだ」とか「革のシートの座り心地が抜群」とかいうような話を聞く気にならないのと同じです。

高い精度の運動では感情は邪魔になります。もちろん、怒りもそうです。怒りに任せて運動すれば、どんどん精度が下がる。逆に、一撃で相手を倒すためにはどういうふうな身体運用が最も効果的かを技術的に考察するときには、怒りの感情なんか邪魔で仕方がない。

光岡　冷静にならないとできませんね。

内田　怒りや憎しみや悲しみや虚無感に襲われたときに、そういうものに決して取り込まれないことが、ぼくは武道家の必須条件だと思います。そのためには、常に自分の心身の状態をクールに精密にモニターしている必要がある。

光岡　それらについての戒律が必ず設けられています。

内田　強い感情に取り込まれないこと。静かな気持ちで、透明な感覚で、自分の内側を観察し、外側を感知する。それが行の基本ではないでしょうか。

光岡　ですから戒律を「守らなくてはいけないもの」というふうに自分の外に置いて、求めるものにしてしまうと問題です。自己責任ではなく、ルールに従わないといけないものになってしまう。そのルールを守っているから「書かれていないことには従わないでいい」という甘えをつくってしまう。個人的に戒律は自分の中で確立されていく方がより本質に近いものとなります。

内田　今の日本人が失った最たるものは、その自己規律ですね。外的な規律は、違反すると処罰されるから、恐怖ゆえに違反しない。でも、処罰への恐怖だけで規律を守っている人は、規律が利かない場面、処罰の恐れがない場面では、いきなり利己心や暴力性を噴き出してくる。これは本当にそうですね。外的規律の厳しい集団で育てられた人ほど、無秩序状態のときにでたらめな振る舞いを始める。自己規律が内面化された人は、外的な規律や処罰の有無とは無関係に、自分で決めたルールに従って行動する。

光岡　私は内面化した自己規律は先天的にあると思っています。良知良能ではありませんが、もともと備わっている。私の娘が虫を殺したときに「なぜか自分がいけないことをしている」と感じた。私が教えてないのに彼女はそう感じた。これは不思議です。と同時にすごくわかります。この感覚は教育されたものではなくて、先天的に人間は持っているから。

けれども論理や理屈が増え過ぎると、それを用いて言い訳ができるようになる。「だからやってはいけない」という根拠が外在化したときに、「だからやっていい」という屁理屈や理由も外在し始めるわけです。そうなるとすべては外在したもので、それを取り込むことに懸命になると自分の中が濁ってしまう。本人にとっても自分の内がどうなっているのかが見えなくなってくる。やはり戒律は内在したものでしかありえないわけです。

内田　ぼくもまったく同意見です。規律は外在化すればするほど自己規律の可能性を壊してしまう。今の政治家やメディアに出て発言する人たちも総じて自己規律のない人たちが多いですね。

「私のやっていることは法律違反ですか？」ということを平然とテレビカメラの前で口にできる人がいる。法律に抵触しないぎりぎりまでのことは自己利益のためにやってもいいというふうに理解している。つまり、この人は自己規律を持っていないということです。外部から強制されない限り、自己利益追求に歯止めをかけるつもりはない、と公言しているわけですから。

コンプライアンスとかエビデンスとかいうことがうるさく言われていますけれど、そういう外的な規範を精密化していかないと人間の利己的で反社会的な行動は止められないと思っている人たちには「自己規律」という概念がそもそもないんだと思います。

光岡　みんなそういう外的な根拠に縛られているから、何もできなくなるわけです。先日、印象的なことがありました。うちの子どもたちと散歩していたら、近所の公園で中学生くらいの子どもらがカモフラージュした布で隠したエアガンでおそらく鳥を撃っていた。ちょっと危ないなと思ったので、「君たちさ、別に鳥を撃つなとは言わないけれど、ちゃんと後始末はしなよ」。そう言おうと思ったら、最初の「鳥を撃つ」のところで、「いや、鳥撃ってません、葉っぱ撃ってます」と言った（笑）。その後は理路整然と、いかに自分たちが悪くないことをしているか述べるわけです。「近所のおやじが来たから逃げろ」くらいのノリがあってもおかしくない年代の子が滔々《とうとう》と言うわけです。「持っちゃいけないんですか。ちゃんと説明書は読んでます」とか「あなたに何を言う権利があるんですか」と言うわけですよ。

内田　はあ、すごいですね。

光岡　そこでちょっとプチッとなって（笑）。

内田　気がついたら、三人が血だらけに（笑）。

光岡　いやいや。でも、その瞬間から相手も何か感じたのか、三人とも何か足がガクガク震えだしていました。

内田　光岡先生にそう言われたら、怖かったでしょうね。

光岡　でも、おもしろいのは足は震えているのにずっと理屈をこねるんですよ。「仮に撃ったとしても、なぜいけないんでしょうか」と言うので、「いや、私は別に暴力がいけないと言っているわけじゃないんだよ。別に権利も何もないけどさ」。

内田　そういう市民的な屁理屈の境界を乗り越えてくる人間がいることを、それくらいの年代ならもうわかった方がいいですね。

光岡　あまりに「ぼくたちにはこれを持つ権利があります」と言うから「おじさんがさ、あんたたち三人を張り倒す権利もあるんだね」と言ったら「法律で暴力は禁止されてます!」と言うんですよ。だから「いや、そんなの関係ない場面だってあるからね」。そう言ったら小便を漏らすかもしれないくらいの震えぶりで、無言になった。怖ければ膝ガクガクしながらでも逃げればいいのに逃げないんです。だから「もうわかったわかった。行っていいよ」と言ったら、三人が申し合わせたようにくるっとまわって、足並み揃えてザッザッと去っていった。こちらが許可を出さない限り何も行動を起こそうとしなかった。

内田　本当に頭でっかちになっていますね。本能に素直に従えばいいものを。ぼくが中学生なら、光岡先生が近づいてきただけでぴゅーっと吹っ飛んで逃げ出しますけどね。権利がどうたらというような理屈をこねていればリスクは回避できるというようなバカなことを子どもの頃から学んでしまっているんですね。そんなに鈍感だとほんとにいざとなったらすぐ死んじゃいますよ。何が起きているのかよくわからないときに、いちいち知識にうかがいを立てていては間に合わないんですから。本能に素直に従うことの大切さがわかってないんですね。だからと言って、鮫を殴り殺すサモアンの境地に至るというのとはちょっと違うんですけど。

光岡　違いますよね。内田先生が内田先生らしくある。そこに本能についての答えがあるのではないかと思います。私がいくら内田先生らしくなろうとしてもなれないわけです。どう考えても体型が違いますし（笑）。求めるべきところはそこではありませんね。

内田　そうですね。一個の生物として生き延びるための知恵と力は個体一人ひとりで発現する仕方がまったく違いますからね。戦闘力を上げるという解もあるし、折り合いの交渉力をつけ

内田は2011年に完成した道場兼学塾の凱風館（兵庫県神戸市）で指導を行なっている

るという解もあるし、ぼくみたいにはるか遠方からでも「あっちからやばいものが来そうだ」と思ったら一目散に逃げだす危機察知力を高めるという解もある。どういうかたちを取るにせよ、それらはやはりその人固有の生きる知恵と力だと思いますね。

光岡　もともとあるものを深く掘り下げていく。ちょうど植物を育てるようなものでしょうね。害虫にやられるようだったら、それもひとつの運命として受け入れていく。それで生命が終わったとしても、でもそれが生命の終わりではない。

死が終わりだと思えるのは、過去知により死が社会的に概念化、観念化され社会的に共有されているからです。死は本来再生への道でもありますよね。有形有限的には前の世代が死んで次の世代のための肥やしにもなります。そうすることで次の生命がそこに宿る。

内田　そうですね。それが生命のサイクルですしね。

光岡　輪廻《りんね》を認めると言うと大袈裟な話になりがちですが、輪廻とは「そうなってるね」と言われたら、「うん、そうだね」と言えるくらいのものですよね。有形有限的に物が朽ち果ててなくなっていくのは普通のことで、特別な現象ではありません。そしてまた何かが新しく生まれてくるのも普通のことです。

けれども、特別なことではないというのは、すごく特別なことですよね。春になれば花が咲いてくる。夏になれば葉が生い茂る。それはやはり気持ちのいいことですよね。

＊1　**カール・マルクス**　十九世紀のドイツの経済学者、哲学者、革命家。科学的社会主義の創始者。ヘーゲル左派として出発し、エンゲルスと共にドイツ古典哲学を批判的に取り入れて弁証法的唯物論、史的唯物論の理論を確立。これを土台に、イギリス古典経済学及びフランス社会主義の科学的、革命的伝統を継承して科学的社会主義を完成した。また、共産主義者同盟に参加、のち第一インターナショナルを創立した。主な著作に『哲学の貧困』『共産党宣言』『資本論』等がある。

＊2　**ジョゼフ・レイモンド・マッカーシー**　アメリカの共和党の上院議員。一九五〇年二月、トルーマン政権の対中国政策の失敗に乗じ「赤狩り」に乗り出し、「マッカーシー旋風」を巻き起こした。一九五二年選挙で再選後は攻撃目標を拡大し、ルーズベルト、トルーマンを裏切り者と非難、さらにアイゼンハワー政権や軍部をも追及した。

＊3　**プロフェッサー・カワイ・スン・ウィリアム・チャオ**　一九一四年生―一九八七年没、ハワイのオアフ島ホノルル生まれ。ハワイアンの母とハワイに移民した中国人を父に持つ中華系ハワイアン。ジェームズ・ミトセにケンポー・ジュウジュツ（拳法柔術）を習いハワイ現地で武勇を奮った武術家。独自にシャオリン・チュエン－ファ（おそらく少林拳法）、シャオリン・ケンポー、チャイニーズ・カラホー・ケンポー・カンフー、ゴシンジュツカイ・チャイニーズ・ケンポー（護身術会中華拳法）等の名称で指導する。弟子にボビー・ロー、ジョセフ・エンペラード、エイドリアノ・エンペラード、ラルフ・カストロ、エド・パーカー、ロン・アロなどアメリカ武術界の代名詞的な人々がいる。

＊4　**クリストファー・リー・松尾**（通称、クリス）　日系三世と中国系三世の両親を持つ。ハワイへ移民した日本人が伝えた武術、サイトウ流、少林神流と名乗る流儀を継承する。サイトウ流の源流は日本福島県にあることだけはわかっているらしいが、ハワイで他の琉球拳法、柔術、中国拳法などの武術と融合し原形はわからない。ハワイで光岡に師事する。

＊5　**ジョン・ファースト**（通称、ジョン）　光岡からハワイでダニー等と共に空手及び総合的に武術を学ぶ。ハワイ・全米タイトルなど複数の空手、ケンポーの大会における功績を残す。のち米国空軍に入隊、空軍特殊部隊パラ・レスキューに入りアフガニスタン、イラクなどに行く。

＊6　**ダニエル・マンタノナ**（通称、ダニー）　光岡からハワイで空手、大東流合気柔術及び師が研究する武術を総合的に学ぶ。空手では高校生でありながら成人の部に出場しハワイ州タイトル、全米タイトルなどを取る。十七歳の時に和道会の世界大会で成人部の全米代表に選出される等ハワイ武術界での功績は少なくない。

＊7　**試力**　韓氏意拳において自身が伸びやかに円満な感覚で能力を最大限に発揮しているかどうかを試す教学の過程。

＊8　**良知良能**　人間に生まれながらに備わっている道徳的判断能力（良知）と行為能力（良能）。中国、戦国時代の儒者である孟子が唱えた。

おわりに　きれい事では済まない状況を如何にきれいに解決できるか

光岡英稔

幼少の頃、私は北米の山中で生活していた。ある日、家の周りの草木を刈る仕事を手伝っていたおり、父に「なぜ自然の中に住んでいるのに周りの自然を壊す必要があるの？」と訊ねた。子どもながらの素朴な疑問だった。父は「それは草木を刈らないとたちまち私たちの家は草木に覆われ、ヒデと私とマァムが住む場所がなくなってしまうからだよ」と答えてくれ、子どもだった私でもその理屈はわかったのだが、納得はできなかった。私が今日までこのエピソードを覚えていることが、その理屈に得心いかなかったことを物語っているだろう。

しかし、この腑の落ちなさが今回の書籍のテーマである武術の世界と後に関係してくることになろうとは当時の私も想像すらできなかったが、そこに不思議を感じると同時に、今では私なりに得心できるものがある。

つまり、人の社会性と自然は永遠のテーマであり、人という生命がある限り常に問われることである。同時に人が訊ねてはならない答えなき問いなのかも知れない。
〝もし〟や〝たら〟〝れば〟といった仮定のないリアルな世界を自然は私たちに呈示してくる。しかし、人間は自分たちでつくった社会という枠組みの中で共同幻想を生きている。だから国土を広げ、利権を得ようとし、ときにある人種が特定の考えを掲げ、科学や技術を発達させ、進化したとハシャぐのだが、それは幻想の中での利権、拡張、発達、進化に過ぎない。どれだけ、それがリアルに見えたところで、私たちが世を去るとき、それらを何ひとつとして持って行けないことが、その幻想性を物語っているだろう。自然から呈示される避けて通れない現実はシビアである。

　幻想を逞しくしている人間だが、人は初めて二本足で立った時からある意味で何ひとつ変わっていない。世に生を享《う》け、息を吸い、飲み、食い、寝て、覚めて、繁殖し、地に還り、天に還り、世に生を享けるという営みは変化していない。

　この長らく続く自然のサイクルと異なり、今の世の中で問題とされることは、社会の生んだ共同幻想やプロパガンダに熱を上げることで、人々は国家の拡張、利権、自らの所有欲を満たし不安を埋めるために自分の持ち分を確定する境界線を引くことに懸命だ。人としての自然ということをますます忘れていっているように見受けられる。

私は思春期に日本へ戻り、成人後はハワイで生活し、三十代は中国と日本を往復し、生活してきた。今まで各国で生きてきたが、国家の枠や線引きを現実的に感じたことがない。無論、どの国にも個人的に好悪を感じる人や習慣はある。だが、彼や彼女がある人種であり、ある国に属すから嫌いになったことは一度もない。嫌いな人や習慣が日本、中国、欧米にあれば好きな人や習慣も日本、中国、欧米にある。

どこの国でも無能な者は無能である。常に問題を起こし、掘り返し、「問題を解決する」と言ってはさらに事態を悪化させ、最後には責任転嫁する。こういったプロセスを、共同幻想を持ちだして否定、肯定したとして、それは同じく愚かな行為である。

一方、どこの国にも有能な人はおり、難題に遭遇した時には着実に解決できるよう、問題の根本的要因を怠ることなく追求している。このような人たちはプロパガンダや共同幻想に見向きもせず、不言実行、有言実行にて自分の手で問題に取り組んでいる。

思うに一般市民が国家同士の平和という大きな課題に貢献できる機会は少ないだろうが、身近な家族や親戚、職場の同僚、近所との付き合いなどから平和的な実地に取り組んでみてはどうだろう。身近な人との関係で怒らず、ケンカせず、腹を立てず、慣習から相手を見て蔑《ないがし》ろにせず、相手を自分の思い通りにしようとせずにどこまでいられるか、それを見てみると人類の世界平和への試みが如何に難しいかが少し見えてくるだろう。

　何事も手の届く範囲から始め、身近な所から問題を解決していくより確実な方法はない。これは私自身が普段の稽古から試みていることであり、それが武の本分であるとも思っている。

　私は誰しもが武術に関わる必要があるとは思わない。なぜなら周りを見渡してみると約束事を前提にスポーツ化した武道か信仰儀式のような、希望的観測を刷り込む練習を中心とする武術の形骸のみしかなく、およそ武と呼べるだけのものが見当たらないのが悲しい現状だからだ。

　武術とはきれい事では済まない状況を如何にきれいに解決できるか。そこに存在意義がある。武術は決して殺し合いや殺戮を目的につくられたものではなく、争いがあったとしても願わくば互いが無傷で終え、仲直りできるよう和平へと結び付ける為の術であり業である。殺戮を目的とするなら暴力や武力、軍事兵器、科学兵器などを用いる方が手っ取り早く、そこに武力と武術との根本的な違いがある。

　これらを踏まえた上で問われるべきは、武を志す者一人ひとりが科学兵器や暴力、武力に対してきれい事ではない武徳を持ち、それらに応えられるだけの稽古を日頃から行なえているか否かである。

今の武術界において、それだけの自信を培える稽古を普段からどれだけの人がしているだろう。武を志している人は自分自身に常々問うてみたら良いことである。

そして、もうひとつ武を武たらしめるには、一人ひとりのバックボーンとなる文化への回帰が今日では必要だ。それは伝統や歴史への回帰という安易なスローガンによりかかることではない。それではバックボーンなき文化にしか行き着けない。どれだけ上辺を文化的な装いで着飾ろうとも己れの弱さは埋められない。真摯に文化への回帰について考えると、人は自らのアイデンティティを故郷や先祖、種族、家族に求めていくことがわかる。これは私たち人間の生命が疑いなくそこからやって来た事実があるからであり、つまり、人を人たらしめる本能は、生命があって初めて前進できることを示唆している。

自らのアイデンティティをその源泉である文化に求める気持ちは、人が人であることを振り返る、己れ自身を省みる切っ掛けとなる。

私たち人類は人としての文化を取り戻し、本能を取り戻し、人であることを取り戻す必要がある。上辺の文化的化粧を施した近代的な武道から、人であることの核心に向けての武術に着目しても良い時代に私たちは突入しているのではないだろうか。

最後に、この本を世に出すことに時間と労力を費やしてくださったライターの尹雄大氏と編集者の伊藤直樹氏に御礼を申し上げたい。そして、多忙なスケジュールの中、この度は対談の話を受けていただき、武の本質についての考察を深める機会をくださった内田樹先生、また内田先生をはじめ多くの方々とのご縁を賜った甲野善紀先生に深く御礼の意を申し上げたい。

構成／尹　雄大

内田　樹（うちだ　たつる）

一九五〇年東京都生まれ。神戸女学院大学名誉教授。思想家・武道家。専門はフランス現代思想、武道論等。著書に『武道的思考』（筑摩選書）等多数。

光岡英稔（みつおか　ひでとし）

一九七二年岡山県生まれ。日本韓氏意拳学会会長。多くの武術・武道を学び十一年間ハワイで武術指導。共著に甲野善紀との『武学探究』（冬弓舎）等。

荒天《こうてん》の武学《ぶがく》

集英社新書〇六七一C

二〇一二年一二月一九日　第一刷発行

著者……内田《うちだ》　樹《たつる》／光岡英稔《みつおかひでとし》

発行者……加藤　潤

発行所……株式会社集英社

東京都千代田区一ツ橋二-五-一〇　郵便番号一〇一-八〇五〇

電話　〇三-三二三〇-六三九一（編集部）
〇三-三二三〇-六三九三（販売部）
〇三-三二三〇-六〇八〇（読者係）

装幀……原　研哉　　組版……アイ・デプト.

印刷所……大日本印刷株式会社　凸版印刷株式会社

製本所……加藤製本株式会社

定価はカバーに表示してあります。

ISBN 978-4-08-720671-5 C0210

a pilot of wisdom

若き友人たちへ　筑紫哲也
他人と暮らす若者たち　久保田裕之
男はなぜ化粧をしたがるのか　前田和男
オーガニック革命　高城剛
主婦パート　最大の非正規雇用　本田一成
グーグルに異議あり！　明石昇二郎
モードとエロスと資本　中野香織
子どものケータイ―危険な解放区　下田博次
最前線《フォワード》は蛮族たれ　釜本邦茂
ルポ　在日外国人　髙賛侑
教えない教え　権藤博
携帯電磁波の人体影響　矢部武
イスラム―癒しの知恵　内藤正典
モノ言う中国人　西本紫乃
二畳で豊かに住む　西和夫
「オバサン」はなぜ嫌われるか　田中ひかる
新・ムラ論TOKYO　隈研吾／清野由美
原発の闇を暴く　広瀬隆／明石昇二郎
伊藤Pのモヤモヤ仕事術　伊藤隆行
電力と国家　佐高信
愛国と憂国と売国　鈴木邦男
事実婚　新しい愛の形　渡辺淳一
福島第一原発―真相と展望　アーニー・ガンダーセン
没落する文明　萱野稔人／神里達博
人が死なない防災　片田敏孝
イギリスの不思議と謎　金谷展雄
妻と別れたい男たち　三浦展
「最悪」の核施設　六ヶ所再処理工場　小出裕章／渡辺満久／明石昇二郎
ナビゲーション「位置情報」が世界を変える　山本昇
視線がこわい　上野玲
「独裁」入門　香山リカ
吉永小百合、オックスフォード大学で原爆詩を読む　早川敦子
原発ゼロ社会へ！　新エネルギー論　広瀬隆
エリート×アウトロー　世直し対談　堀田力／玄秀盛

a pilot of wisdom

新左翼とロスジェネ　鈴木英生
虚人のすすめ　康芳夫
自由をつくる 自在に生きる　森博嗣
不幸な国の幸福論　加賀乙彦
創るセンス 工作の思考　森博嗣
天皇とアメリカ　吉見俊哉　テッサ・モーリス-スズキ
努力しない生き方　桜井章一
いい人ぶらずに生きてみよう　千玄室
不幸になる生き方　勝間和代
生きるチカラ　植島啓司
必生《ひっせい》 闘う仏教　佐々井秀嶺
韓国人の作法　金栄勲
強く生きるために読む古典　岡敦
自分探しと楽しさについて　森博嗣
人生はうしろ向きに　南條竹則
日本の大転換　中沢新一
実存と構造　三田誠広

空《くう》の智慧、科学のこころ　ダライ・ラマ十四世　茂木健一郎
小さな「悟り」を積み重ねる　アルボムッレ・スマナサーラ
科学と宗教と死　加賀乙彦
犠牲のシステム 福島・沖縄　高橋哲哉
気の持ちようの幸福論　小島慶子
日本の聖地ベスト100　植島啓司
続・悩む力　姜尚中
心を癒す言葉の花束　アルフォンス・デーケン
自分を抱きしめてあげたい日に　落合恵子
その未来はどうなの？　橋本治

a pilot of wisdom

集英社新書　好評既刊

世界文学を継ぐ者たち
早川敦子　0659-F

旧植民地からの声やホロコーストの沈黙から芽吹いた言葉。注目の五人を最先端の翻訳理論とともに紹介。

錯覚学――知覚の謎を解く
一川　誠　0660-G

なぜ無いものが見えるのか？　なぜ有るものを見落とすのか？　実験心理学から錯覚の不思議を論じる。

あの日からの建築
伊東豊雄　0661-F

震災以降、被災各地で「みんなの家」を建設している著者。心のよりどころとなる建築は可能なのか？

「独裁」入門
香山リカ　0662-B

苛立ちに満ちた「民意」をすくい取る独裁型ヒーローたち。気鋭の精神科医がその誕生に警鐘を鳴らす！

災害と子どものこころ
清水將之／柳田邦男／井出　浩／田中　究　0663-I

数々の災害現場を経験してきた児童精神科医を中心に、子どものメンタルヘルス支援の現状と対策を示す。

メリットの法則　行動分析学・実践編
奥田健次　0664-E

「なぜその行動をとるのか」、その答えを、個人を取り巻く外部環境に求める行動分析学。最新知見を披露する。

吉永小百合、オックスフォード大学で原爆詩を読む
早川敦子　0665-B

吉永小百合が原爆詩と関わった四半世紀の道のりを紹介しつつ、朗読会の一部始終を描いたドキュメント。

原発ゼロ社会へ！　新エネルギー論
広瀬　隆　0666-B

電気は買う時代から自分でつくる時代へ。「原発がなくても電力が足りる」真の理由を最新知見から解説する。

闘う区長
保坂展人　0667-A

3・11後、脱原発を訴え、世田谷区長に当選した著者。地方自治の現場からの、日本社会を変える提言。

エリート×アウトロー　世直し対談
堀田　力／玄　秀盛　0668-B

霞ヶ関の元検事と、歌舞伎町の「日本駆け込み寺」の代表がホンネで語り合った、閉塞日本への処方箋。

既刊情報の詳細は集英社新書のホームページへ
http://shinsho.shueisha.co.jp/